Jeff Foster

Die Stille im Chaos

vianova

Verlag Via Nova

Jeff Foster

Die Stille im Chaos

Über die Freude wahrer Meditation

vianova
Verlag Via Nova

Ein Wort an die Leser und Leserinnen:
Dieses Buch soll dem Leser hilfreiche Informationen zu den erörterten Themen bieten. Es dient nicht zur Diagnose oder Behandlung von Krankheiten. Weder der Autor noch der Verlag bieten ärztliche, psychologische oder anderweitige Dienstleistungen an. Die in diesem Buch enthaltenen Informationen sind kein Ersatz für eine fachkundige ärztliche, psychiatrische oder psychotherapeutische Behandlung. Weder der Autor noch der Verlag haften für etwaige Schäden, die vermeintlich direkt oder indirekt aus der Anwendung der im vorliegenden Buch enthaltenen Informationen entstanden sind.

Übersetzung aus dem Englischen:
Ulrike Kraemer

Originaltitel:
The Joy of True Meditation
Words of Encouragement for Tired Minds and Wild Hearts

---

1. Auflage 2021
Verlag Via Nova, Alte Landstr. 12, 36100 Petersberg
Telefon: (06 61) 6 29 73
Fax: (06 61) 96 79 560
E-Mail: info@verlag-vianova.de
Internet: www.verlag-vianova.de
Umschlaggestaltung: Guter Punkt, München
Satz: Sebastian Carl, Amerang
Druck und Verarbeitung: Appel und Klinger, 96277 Schneckenlohe

ISBN 978-3-86616-502-1

Für Dad.
Du bist *deinen Weg* gegangen.

Inhalt

Vorwort 9

Die Entdeckung wahrer Meditation 14

1 Das Wunder des Atems 28

2 Wie wahre Heilung geschieht 31

3 Von der Niedergedrücktheit zu tiefer Ruhe 37

4 Warte nicht länger auf die Fülle 40

5 Liebe mich, statt mich „in Ordnung bringen" zu wollen 43

6 Wenn du traurig bist 46

7 Entspanne dich – du bist nicht der Macher 47

8 Der Bruch und die Reparatur 48

9 Deine andere Hälfte 50

10 Die Stille zwischen uns 55

11 Der beste Rat zur Selbsthilfe 57

12 Über die Schönheit 59

13 Sogar dann, wenn wir uns selbst nicht halten können 60

14 Die Gnade der Enttäuschung 64

15 Ich atme mit dir 66

16 Der Zauber deiner Taubheit 69

17 Warum du noch nicht geheilt bist 71

18 Wenn ein Freund sterben will 74

19 Wir haben alle wunde Punkte 76

20 Beziehungs-Yoga 78

21 Wenn wir Gefühle fortstoßen 82

22 Dein großer Beschützer 85

23 Stehe fest wie ein Fels! 89

24 Wenn die Liebe dich aufbricht 91

25 Nicht länger ein Bettler 93
26 Sei heute wild, frei und lebendig 95
27 Tief im tantrischen Morast 97
28 Die Pforte des Heiligen 102
29 Der wilde Buddha 105
30 Das Feuer besänftigen 107
31 Das Ende des neuen Zeitalters 110
32 Langsam und empathisch in einer schnelllebigen Welt 112
33 Mit der Freude gehen 115
34 Das Abenteuer der Liebe 116
35 Das Herz wieder öffnen 120
36 Deine wilde Stimme 122
37 Die tiefere Verpflichtung der Liebe 124
38 Die Einsamkeit trägt ihr Heilmittel in sich selbst 127
39 Brief an Vincent van Gogh 130
40 Die Stille im Chaos 133
41 Der Weg des gebrochenen Herzens 135
42 Wilde Hingabe an eine brennende Welt 138
43 Der Angst begegnen 140
44 Der Geliebte 145
45 Ich zeige dir mehr von meinem verrückten Selbst 150
46 Exodus 152

VORWORT

Das Leben hält eine einfache und zutiefst gütige Einladung für uns bereit: trotz allem, *was ist*, so zu sein, *wie wir sind*.

Wahre Meditation ist ein ausgetretener Weg auf der Reise zu uns selbst, den wir aber dennoch leicht aus dem Blick verlieren können. Sie ist schwierig zu definieren und zugleich vorhersehbar verlässlich in ihrem Verlauf. Sie umfasst eine aufrichtige Begegnung mit *allem, was wir sind*, und mit *allem, was wir zu sein glauben, das einer ehrlichen, mitfühlenden Prüfung nicht standhalten kann*. Der Weg folgt einer grundlegenden Richtung, verläuft entlang emotionaler und existenzieller Klüfte und Vorsprünge, die das Leben uns in uns und außerhalb von uns präsentiert.

Es erfordert Mut, die Einladung zu dieser grundlegenden Reise nach Hause anzunehmen. Merkwürdigerweise zeigt sich dieser Mut manchmal in Form von Verzweiflung, von Kapitulation, von Aufgabe … oder in Form von vollkommener „Feigheit", weil wir es nicht ertragen können, das anzuschauen, zu fühlen oder zu erfahren, was ist.

Und dennoch sind wir hier. Wir schlafen, sind wach, lassen uns ein, lassen uns nicht ein, begegnen dem gegenwärtigen Moment.

So wie wir sind.

Wahre Meditation ist zutiefst beziehungsorientiert. Sie ist letztlich eine Begegnung mit dem, was wirklich ist: mit einem klaren, direkten Erkennen der Wahrheit in jeder Form in unserem Leben. Dieses klare Erkennen dessen, was gegenwärtig ist – sei es ein Gefühl, ein Gedanke, eine falsche Wahrnehmung, ein Augenblick der Freude oder das tiefste Wesen aller Dinge –, ist eine intime, beziehungsorientierte Geste. Diese Geste fordert uns auf, eine warmherzige, raumhaltende Präsenz zu verkörpern, eine unerschrockene Fähigkeit, das Chaos und den Morast des menschlichen Lebens in ihrer Gänze und von Grund auf willkommen zu heißen und zu sein. Sie ist zutiefst intim und lässt nichts aus. Sie gibt nichts auf und schließt alles ein. *Der Augenblick selbst birgt die Samen all dessen in sich, was wir brauchen, um ihm zu begegnen.*

Wenn wir allem, was kommt, begegnen und es willkommen heißen, wenn wir unseren Atem, unseren Körper, das pulsierende Sein in unserem innersten Kern spüren, dann *werden* wir zum Willkommen selbst. Wenn wir uns *einlassen*, dann entdecken wir, dass diese willkommen heißende Präsenz dem wesentlich ist, der wir sind.

Das klare Erkennen, das von dieser radikal willkommen heißenden Präsenz herrührt, kann Mitgefühl, Leichtigkeit, zutiefst erschütternde Einsicht, Lachen, den Verlust eines Selbstbildes und früherer Einstellungen sowie Befreiung mit sich bringen. Tiefe Befreiung – aus dem Spiel, den Fallen oder dem Gefängnis unseres Geistes. Wenn wir uns auf unseren Atem, unsere Gefühle, Emotionen, Empfindungen und Gedanken einlassen, entdecken wir, dass die Dinge nicht so sind, wie wir dachten. Die Angst ist weniger beängstigend, als sie erscheint, die Wut weniger bedrohlich. Unsere verleugneten, ungewollten, ungeliebten Anteile kehren allmählich nach Hause zurück, um in einem Raum, der sie nicht ablehnt, so zu sein, wie sie sind. Wir bieten ihnen in unserem Herzen, unserem Geist und unserem Sein einen Ort, der frei ist von der Gewalt der Selbstablehnung. *Sogar die Selbstablehnung wird willkommen geheißen.* Tatsächlich begegnen alle innere Gewalt und aller innere Kampf dadurch, dass sie willkommen geheißen werden, wie sie sind, nun der wahren Bedeutung von Gewaltlosigkeit. Wenn wir auf diese Weise zu uns selbst zurückkehren, kommen wir zur Ruhe.

Ich lehre Menschen weltweit die Praxis der Achtsamkeitsmeditation. Dabei kann ich keinen Unterschied in den grundlegenden Bedürfnissen erkennen, die wir alle in uns tragen, oder in unserer kollektiven Fähigkeit, uns vor dem, was wirklich ist, zu verbergen oder ihm auf eine tiefe Weise zu begegnen. Ich sehe und erlebe in anderen Menschen und mir selbst eine uns allen innewohnende Sehnsucht nach dieser einfachen, willkommen heißenden Präsenz, in der wir unserer Zärtlichkeit, unserer Verletzlichkeit, unseren Hoffnungen und Ängsten begegnen können. Es geschieht enorm viel allein durch das einfache Angebot unserer eigenen Präsenz.

Meditation trägt die Hoffnung – den heilenden Balsam – auf ein Ende des Leidens in sich. Allerdings wird es uns nicht in der Form zuteil, in der wir es uns gewünscht oder uns vorgestellt haben. Es wird uns durch und in der Hingabe an alles zuteil, was wir erfahren, unser eigenes tiefes Leiden *eingeschlossen*. Die gute Nachricht lautet: Wenn wir uns auf diesen Weg einlassen, entsteht tiefes Vertrauen. Wir lernen, ob mit der Zeit oder, weil uns keine andere Wahl bleibt, rasch und plötzlich, dass sich mit jedem Schritt, jedem Atemzug, jedem Sprung, den wir ohne unsere bisherige Rüstung in den gegenwärtigen Moment wagen, Vertrauen aufbaut. Es ist so, als ließen wir uns, ohne hinzuschauen, rückwärts in die Arme eines Freundes fallen – beängstigend, aber zugleich mit einer tiefen Gewissheit, dass wir sanft landen. Die Wahrheit, die den Dingen innewohnt, die Elementarität und Wirklichkeit des Lebens in all seinen Ausprägungen erweisen sich als weit sicherer, weit sanfter, als es unsere Vorstellungen jemals waren. Die Angst, die Wut, die Seelenqual mögen nicht fortgehen, aber in der Präsenz unserer Liebe können sie sich verwandeln, können sie zu einer Pforte werden, die in die Tiefe des weisen Herzens führt: des Herzens, das wir vielleicht schon vor langer Zeit aufgegeben haben.

Dieses Buch ist eine beziehungsorientierte Geste, ein verletzliches Sich-Mitteilen, eine ausgestreckte Hand auf dem Weg, eine kraftvolle Abhandlung über die Macht unserer Präsenz, den Atem und die Einfachheit, im Angesicht all dessen, was jeder Moment uns bringt, *ganz und gar der zu sein, der wir sind.* Jeff Foster führt uns in jede Nische, die unser Verstand erschafft, um sich gegen die Einfachheit des gegenwärtigen Moments zu wehren. Er präsentiert uns den Teppich des Lebens in seiner ganzen Fülle, um uns daran zu erinnern, dass ihm ein weit höheres Maß an Freiheit und Wildheit innewohnt, als wir es uns jemals hätten vorstellen können.

Die wohldurchdacht und mit großem Mut verfassten Seiten dieses Buches bergen viele Einladungen: an unser Alleinsein, an unsere Freiheit, an die tiefe Ruhe, die wir vielleicht schon sehr lange in Schach halten. Seine Worte laden uns ein, ein Zuhause in uns selbst zu finden, uns vielleicht zum allerersten Mal in unseren Verstand und unseren Körper zu verlieben. Sein Schreibstil ist wild, unerbittlich, leidenschaftlich, poetisch, kompromisslos. Jeffs sanfte Worte lösen das Stigma auf, das dem Trauma anhaftet, und geben dem Raum, was wir in uns selbst als *falsch* und *schlecht* verurteilt haben. Er ist offen in seiner Faszination für die Dinge: Er lässt nichts aus. Schweiß, Blut und Tränen, Scham, die dunklen Impulse, Macht und Freude. Alles wird einbezogen.

Jedes Kapitel dieses Buches birgt eine ständige Erinnerung daran, dass der gegenwärtige Moment eine unerbittliche, rückhaltlose Einladung zur Präsenz, zum Atem, zur Rückkehr nach Hause ist. Diese Einladung ist vielfältiger Natur. Sie ehrt das schlagende, lebendige Herz und den lebensspendenden, beseelten Atem. Weil Jeff ist, wer er ist – ein Poet, Liebender und Verrückter im besten Sinne –, flüstert er Worte der Ermutigung in unseren müden Geist, die für unser geblendetes, ungezähmtes Herz bestimmt sind.

– Kelly Boys
Autorin von *The Blind Spot Effect: How to Stop Missing What's Right in Front of You*
www.kellyboys.org

Manche sagen,
die Welt sei ein Tal der Tränen.
Ich sage,
sie ist ein Ort der Seelenformung.

– John Keats

Die Entdeckung wahrer Meditation

Ich möchte dir ein wenig von mir und meiner Geschichte erzählen. Es ist eine Geschichte, die mit dem Tod beginnt und mit dem Leben endet und die von der Entdeckung *wahrer Meditation* handelt: nicht durch Bücher, spirituelle Lehrer oder Meditationskurse, sondern durch Tod und Wiedergeburt, dadurch, dass ich mich in meine eigene Dunkelheit hineingewagt habe, dass ich mich Selbstmord und Selbstzerstörung bis auf Haaresbreite genähert habe, dass ich den Schleier des dualistischen Verstandes zerrissen und ein unauslöschliches inneres LICHT gefunden habe. Ein LICHT, das immer schon da war. Das LICHT der Meditation. Das LICHT des EINSSEINS. Das LICHT meines wahren Selbst.

Meine Geschichte ist deiner eigenen Geschichte vielleicht nicht unähnlich. Ich glaube, dass wir uns letztlich alle auf ein und derselben Reise befinden, die uns nach Hause zurückbringt … in den gegenwärtigen Augenblick. Ins Hier und Jetzt.

So lange ich mich zurückerinnern kann, glaubte ich immer, dass etwas mit mir grundlegend *nicht in Ordnung* sei. Ich fühlte mich innerlich krank, zerrissen und hässlich, glaubte, ich sei es nicht wert, geliebt zu werden, ein menschlicher Irrtum, ohne Aussicht auf Erlösung, ohne jede Hoffnung. Die entsetzliche Angst vor dem Verlassenwerden und damit die entsetzliche Angst vor dem Tod selbst lauerte tief in mir und sorgte dafür, dass ich mich vor dem Leben fürchtete und mich schämte, am Leben zu sein. Ich lief gebeugt durch die Straßen und verbarg mein Gesicht. Ich sah anderen Menschen nie länger als einen kurzen Moment in die Augen. Ich war davon überzeugt, dass sie angewidert vor mir fortlaufen würden, wenn sie in mich hineinblickten.

Ich war ständig erschöpft, unendlich müde auf einer tiefen Seelenebene. Häufig versteckte ich mich während der ganzen Schulferien in meinem Zimmer, betäubte mich mit Computerspielen, Filmen und Essen und sehnte mich nach *einem anderen Leben*. Ich hatte Schmerzen und Verspannungen im gesamten Körper, der mich abstieß und den ich als Feind betrachtete.

Ich hatte heimliche Panikattacken, sprach aber mit niemandem darüber. Ich hatte kaum Freunde, niemanden, mit dem ich wirklich reden konnte. In der Schule wurde ich gemobbt und versteckte mich in den Pausen auf der Toilette. Ich kam schweißgebadet nach Hause und stopfte Schokolade und Hamburger aus der Mikrowelle in mich hinein, um den Schmerz zu betäuben Sogar an den heißesten Sommertagen trug ich zusätzliche Kleidung, die meinen übermäßig starken Angstschweiß aufsaugen sollte.

Ich hatte keine Ahnung, ob ich männlich oder weiblich, heterosexuell oder homosexuell, Mensch oder Tier, Heiliger oder Mörder war. Vielleicht war alles ein großer Irrtum und ich war im falschen Moment geboren, auf dem falschen Planeten, der die falsche Sonne umkreiste. Manchmal wusste ich nicht einmal, ob ich lebendig oder tot war. Meine Identität war ein riesengroßes Fragezeichen für mich und das beunruhigte mich zutiefst.

Als ich älter wurde, verspürte ich einen immer stärkeren Drang nach dem Tod. Ich fantasierte oft darüber, dass ich mich selbst umbringen oder die Welt zerstören würde – oder beides. Uralte Trauer und uralte Wut brodelten in mir, aber ich betäubte sie und ließ mir nichts anmerken. In der Schule tat ich mich hervor und war oft sogar Klassenbester. Mit achtzehn Jahren wurde ich an der Universität von Cambridge angenommen – für meine Familie eine große Ehre. Ich tat so, als wäre ich glücklich, erfüllt, unbekümmert, gelassen, der „brave Junge", wie er im Buche steht. Ich ließ die Welt nichts von meiner abgrundtiefen Verzweiflung merken.

In meinen stillen Momenten am Tag und in meinen nächtlichen Alpträumen hörte ich tief in mir Monster stöhnen, hörte entsetzliche Schreie vergessener Selbstanteile, die ich in der Schwärze begraben hatte, alleingelassene Anteile meiner Psyche, die aus der Unterwelt nach Liebe und Hilfe und Aufmerksamkeit riefen.

Ich hatte alle meine Hoffnungen und Träume aufgegeben. Von klein auf wollte ich Geschichten erzählen, Filme machen, Menschen inspirieren, vielleicht sogar die Welt verändern, aber die Angst vor Versagen und Ablehnung lähmte mich. Ich fürchtete, mein beschämendes Innenleben könne bemerkt werden, sodass ich diese riskanten kreativen Leidenschaften im Keim erstickte. Ich lebte außerhalb meines Körpers und außerhalb des gegenwärtigen Moments in der Fantasiewelt des zeitgebundenen begrifflichen Verstandes, in Tagträumen und Alpträumen, in verworrenen Denkarten und fernen Welten, in Vergangenheiten und Zukünften und immer, immer in Reue und Vorahnung. Ich war heimatlos, von meinem wahren Refugium, meinem wahren Zufluchtsort getrennt. Ich war von Gott getrennt, der QUELLE allen Lebens entfremdet, der GÖTTLICHEN MUTTER entrissen.

Ich spürte den dumpfen Schmerz einer kosmischen Einsamkeit, der ich nicht entrinnen konnte.

Irgendwann gelangte ich an einen Punkt, an dem ich Selbstmord begehen wollte. Es schien mir die einzige Lösung für das Problem meines unerträglichen Lebens zu sein. Ich war über jedes Maß hinaus erschöpft. Ich war es satt, mich zu verstellen, mich „anzupassen", in einer Welt zu leben, die mich nicht sehen konnte oder mich nicht so nehmen wollte, wie ich war. Etwas in mir wollte sich ganz einfach *ausruhen* von dem anstrengenden Unterfangen, als Mensch in der Welt zu leben.

Natürlich wollte ich nicht wirklich sterben. Insgeheim *wollte ich unbedingt leben*. Ich wusste nur nicht, wie ich es bewerkstelligen sollte. Niemand hatte es mir jemals gezeigt.

Ich glaubte, der körperliche Tod sei der einzige Weg.

Ich stürzte in eine tiefe Dunkelheit.

Und dann, an einem ganz gewöhnlichen Tag, brachen schließlich alle meine Abwehrmechanismen gegen das Leben, mein ganzer Widerstand dagegen, am Leben zu sein, mein konditionierter Schutz gegen die Freude und den Schmerz nackter Erfahrung in sich zusammen.

Das gesamte unbewusste Material, das ich verdrängt hatte, alle Gedanken, Gefühle und Wünsche, die ich unterdrückt hatte, um „normal" und „zivilisiert" zu erscheinen, sickerten zunächst ganz allmählich, strömten dann immer rascher und ergossen sich schließlich wie ein Sturzbach in mein Bewusstsein. Die Büchse der Pandora in mir war aufgebrochen. Ich konnte nicht länger vor der inneren Dunkelheit davonlaufen, konnte das Leben nicht länger fortstoßen und Zuflucht im begrifflichen Verstand suchen. Es gab dort keinen sicheren Hafen mehr für mich. Ich war aufgerufen, *mich dem Leben zu stellen*. Die Freude, das Entsetzen, die Wut, die brennenden Gefühle des Verlassenseins, die ich seit der Kindheit unterdrückt hatte,

Wellen unaussprechlicher Trauer – ich konnte ihnen nicht länger entkommen. Ein elementares Trauma war in meinem Inneren entfesselt worden. Alles, was ich zurückgehalten hatte, ergoss sich nun wie ein reißender, unaufhaltsamer Strom des *Lebens* in mich hinein! Ich glaubte zu sterben, war überzeugt, die Intensität der Erfahrung nicht einen Augenblick länger ertragen zu können.

Aber ich starb nicht. Es war in Wirklichkeit der Beginn meiner Heilung. Das alte, unglückliche „Ich" begann sich aufzulösen. Mein *Nein* zum Leben verglühte und mein wahres Selbst erwachte zum Leben. Etwas tief in mir begann *Ja* zu sagen – *Ja* dazu, am Leben zu sein, *Ja* dazu, nicht zu wissen, *Ja* zur Freude und zum Kummer des Daseins, *Ja* zum Chaos eines unvollkommenen menschlichen Lebens, *Ja* zur Dunkelheit und zum Licht, *Ja* zu allem!

Im Laufe der nächsten Wochen und Monate kam ich aus dem Verstand ins Herz. Ich kam in Berührung mit der PRÄSENZ, mit dem JETZT, dem tiefgreifenden EINSSEIN mit allen Dingen. Ich atmete. Ich konnte mein Herz wieder fühlen. Ich konnte die Sonne auf meinem Gesicht spüren. Neue Klänge hören. Mein Essen schmecken. Neue Horizonte, neue Möglichkeiten erkennen. Spüren, wie sich neue Empfindungen in meinem Körper regten. Ich fühlte mich wie ein Säugling, der die Welt zum allerersten Mal wahrnimmt. Das Gefühl, *lebendig zu sein*, war mitunter so intensiv, dass ich glaubte, es würde mich umbringen, mir schaden, mich zumindest überfordern oder mich vielleicht in eine Leere stürzen lassen, aus der ich niemals entkommen könnte.

Aber Gefühle sind immer ungefährlich. Es sind unsere Abwehrmechanismen, die so ungemein schmerzhaft sind.

Ich sage es noch einmal. *Unsere Gefühle – und seien sie noch so intensiv – sind ungefährlich.* Unsere *Anspannung im Umgang* mit diesen menschlichen Gefühlen, die Tatsache, dass wir sie ablehnen, das unbewusste Bemühen, sie zu zerstören, auszulöschen, zu läutern, die Herabwürdigung unseres verletzlichen Seelenlebens und die Unterdrückung des inneren Kindes sind die Dinge, die ein ungemein hohes Maß an Schmerz und Leiden verursachen. Nicht die Gefühle selbst.

Ich begann instinktiv, *durch* meine „unerträglichen" Gefühle, Gedanken und Wünsche *zu atmen*. Von Moment zu Moment konnte ich diese „Monster" ertragen, überleben, tolerieren, zulassen, mich gar mit ihnen anfreunden. Und wenn ich sie nicht zulassen konnte, wenn der Widerstand zu groß war, wenn die innere Wut wie ein Vulkan hervorzubrechen drohte, wenn die Trauer mich in Wellen überflutete und es schien, als könne sie mich in Stücke reißen, dann spürte ich, dass etwas Größeres diese Energien ertrug, hielt, zuließ, etwas, das uralt war, stark und unendlich und ewig und liebend und für den Verstand ganz und gar unfassbar. **Selbst wenn der Moment unerträglich schien, konnte ich ihn immer ertragen. Etwas in mir war unzerstörbar. Es konnte nicht getötet werden. Es war weich, verletzlich, radikal offen und empfänglich, gleichzeitig aber auch stärker und härter und wertvoller als der kostbarste Diamant und heller als eine Milliarde Sonnen.** Ich entdeckte allmählich mein wahres Wesen: wer ich wirklich war, bevor man mich gelehrt hatte, mir selbst zu misstrauen, vor dem Selbsthass und vor der Konditionierung der Angst, vor dem Sündenfall. Ich entdeckte meine wahre Identität als reine PRÄSENZ und reines GEWAHRSEIN. Als das LICHT, das niemals erlischt. Als die LIEBE, die niemals stirbt. Das große unauslöschliche innere FEUER.

Im tiefsten Kern meiner Verletzung aus Trennung, Scham, Verlassenheit und Tod wurde neue Hoffnung geboren. Aus dem Herzen der Dualität ging die Nichtdualität hervor. Inmitten der Dunkelheit – im Bauch des Ungeheuers – entstand neues Leben. Eine Auferstehung. Vergebung. Eine zweite Chance. Ein Neubeginn.

Es gab Tage, an denen ich vor Angst zitterte und bebte. Allen Ängsten, die ich bisher niemals wirklich eingestanden und zugelassen hatte, erlaubte ich nun endlich, mich zu durchströmen, statt sie fortzustoßen. Es gab Tage, an denen ich gegen den Himmel und die Ozeane und die Berge wütete. Alle Worte, die mein inneres Kind nicht aussprechen konnte, weil es nie eine Stimme hatte, sprach ich nun aus, Worte, die nicht „freundlich“ oder „spirituell“ oder „gütig“ waren, sondern ungeschönt und wild und authentisch und die auszusprechen mit einem aufregenden Gefühl einherging. Wie wunderbar, mich endlich meine eigenen, authentischen Worte sagen zu hören! Ungefähr ein Jahr lang weinte ich jeden Tag, weinte alle Tränen, die ich als Kind nie hatte weinen können, alle Tränen, die ich zurückgehalten hatte, um die Menschen in meiner Umgebung nicht zu verärgern oder zu befremden. Es gab Tage, an denen ich wie ein kleines Kind lachte, kicherte, bis mir fast die Luft wegblieb – oft völlig ohne Grund. Es gab Tage, an denen ich *im gleichen Augenblick* ekstatische Freude und entsetzliche Verzweiflung empfand. Ich war ein wunderbares Chaos! Ein widersprüchliches, wildes, unberechenbares und unkontrollierbares Chaos! In mir war jetzt so viel Raum. So viel Leben. Manchmal glaubte ich, aufgrund des enorm hohen Maßes an freigesetzter Energie, das mich durchströmte, verrückt zu werden. Es gab Tage, an denen ich daran dachte, mich in eine psychiatrische Klinik einweisen zu lassen. Aber vielleicht müssen wir erst „wahnsinnig“ werden, damit Heilung geschehen kann. Vielleicht war „Normalität“ oder „Konformität“ die Krankheit, an der ich mein Leben lang gelitten hatte. Vielleicht verglühte die Zwangsjacke der „Anpassung“ endlich in einem Fieber, das Heilung bewirkte. Und ich lernte, mir wieder zu vertrauen. Lernte, bei meiner eigenen Erfahrung zu bleiben, ohne über sie zu urteilen, ohne sie „in Ordnung bringen“ zu wollen und sogar, ohne mich von ihr befreien zu wollen.

Ich lernte die *wahre Meditation* vom unerbittlichsten Lehrer, den es gibt. Vom Leben selbst.

Ich überlebte den Prozess von Tod und Wiedergeburt und es gelang mir allmählich, bis dahin unerträgliche Gedanken und Gefühle zu ertragen. Und ich gewann neue Stärke, fand neuen Mut, berührte innere Ressourcen, von denen ich nicht einmal wusste, dass ich sie besaß.

Ich begann mich wieder in das Leben auf diesem eigentümlichen Planeten namens Erde zu verlieben. In alles, was das Leben ausmachte, in die Freude und auch in den Kummer, die Langeweile und die Verwirrung, die Enttäuschung und den Zweifel und die Sehnsucht und die Einsamkeit. Alles war jetzt heilig. Alles war ebenso faszinierend und mir ebenso lieb, wie es in meiner frühen Kindheit der Fall gewesen war. Ich wollte nicht mehr von meinen Gefühlen frei sein. *Ich wollte sie alle fühlen, sie alle erleben, sie alle schmecken.* Ich hatte keine Angst mehr vor meinen Gedanken. *Ich wollte mir ganze Universen ausdenken, ganze Vorstellungswelten erschaffen.* Ich war wieder ein Künstler, wie ich es in meiner Kindheit gewesen war, war verliebt in die ganze Schöpfung, sah das Leben mit neuen Augen, erfüllt von Unschuld und Staunen. Ich war ein ungeheuer großer Ozean des Bewusstseins und lernte, alle Wellen aus Gedanken, Gefühlen und Empfindungen zu lieben …

Ich wollte gebrochen und gleichzeitig ganz sein. Ich wollte die positive *und* die negative Seite des Daseins erfahren. Ich wollte die Glückseligkeit, aber auch den Kummer. Ich wollte die Weite, aber auch die Enge. Ich wollte das „Auf", aber auch das „Ab" des Lebens. Ich wollte Begierde und Begierdelosigkeit. Ich wollte Gefühle und ich wollte auch die Abwesenheit sämtlicher Gefühle fühlen. Ich war begierig auf alle Polaritäten des Lebens. Yin und Yang. Die Komödie und die Tragödie. Die Seelenqual und die Ekstase. Den Sturm und den Sonnenschein. Die Fehler und die Unvollkommenheiten und die unerträgliche Vollkommenheit aller Dinge. Ich wollte alles, was mich ausmachte, das Chaos und das Wunder, den Dreck und die Sterne. Ich wollte Ganzheit. Ja, nicht Glück, sondern *Ganzheit*, die ein viel größeres Geschenk als die begrenzte Vorstellung des Verstandes von Glück ist.

Tag für Tag, Augenblick für Augenblick, Atemzug für Atemzug begann ich, mich anderen Menschen zu zeigen. Sollten sie mich sehen. Mich mit allem sehen, was mich ausmachte.

Ich fing an, meine Wahrheit in Worte zu fassen. Zitternd, schwitzend, mit klopfendem Herzen, manchmal mit trockenem Mund, manchmal mit Übelkeit im Bauch, zutiefst verlegen und beschämt, dass ich meine Wahrheit aussprach, aber ich sprach sie aus. Die ungeschönte, ungezähmte, chaotische, unbequeme Wahrheit über den, der ich war.

Manche „Freunde" verschwanden. Manche blieben. Neue Freunde, eine neue Familie, eine neue Gruppe von Menschen fand sich ein, die mein neues Ich und sein göttliches Chaos wollten. Sie wollten, dass ich die falschen Dinge sagte, Fehler machte, peinliche Gefühle zeigte, unangenehme Worte aussprach, und sie wollten mich dafür lieben.

Irgendwann fand ich den Mut, über mein „Erwachen" zu schreiben. Über meinen Tanz mit dem Tod und meine Hingabe an das Leben und den Verlust meines „alten" Ichs. Meinen pfadlosen Pfad hin zu dem Ort, an dem ich immer schon gewesen war. Wort für Wort, Zeile für Zeile, Absatz für Absatz begann ich, meine tiefste spirituelle Wahrheit zu erzählen. Am Anfang hatte ich Angst und schlotternde Knie – schließlich war ich kein Schriftsteller und wusste oft nicht, was ich schrieb oder wie ich diese präverbale Erfahrung der Liebe zur gesamten Schöpfung in Worte fassen sollte. Doch eine tiefere, wohlwollende, uralte Kraft lenkte mich, verlieh mir Sprache, fasste die Stille in Worte, zog mich vorwärts. Ein Blog wurde veröffentlicht, dann ein Buch und eines Tages fand ich mich vor einer kleinen Gruppe von Menschen in irgendeinem Wohnzimmer wieder und sprach über das, was ich entdeckt hatte: PRÄSENZ. Tiefe AKZEPTANZ. Nichtduale Wirklichkeit, das Feld der Liebe, in dem jeder Gedanke und jedes Gefühl göttlich ist. In dem sogar unser Verlangen nach dem Tod Intelligenz, Bewusstsein, Leben in sich birgt. *Ich, früher der ängstlichste Mensch auf der ganzen Welt, sprach zu anderen Menschen aus der Tiefe meines Herzens! Was für eine Überraschung!* Bald sprach ich zu vielen tausend Menschen weltweit auf Veranstaltungen und Retreats, in Einzelgesprächen und sogar bei Online-Übertragungen, nie wissend, was ich sagen würde, aber dennoch im Vertrauen auf diese innere Stimme, nie wissend, was ich lehren oder wie ich helfen sollte, aber dennoch ein offener und durchlässiger Kanal, durch den die uralte Lehre fließen konnte. Ohne dass ich einen Plan oder eine Ahnung davon gehabt hätte, was ich tat, öffnete sich der Weg vor mir – Schritt für Schritt, Moment für Moment – und die Rolle des „Lehrers" war geboren, obwohl ich mich niemals wirklich als Lehrer, sondern immer eher als Freund und Verbündeten betrachtet habe. Als jemand, der nicht versucht, dich „in Ordnung zu bringen" oder zu heilen. Als jemand, der dir ganz einfach so begegnen möchte, wie du bist. Als jemand, der hier ist, um dich an etwas zu erinnern, das du immer schon wusstest.

Und nun richte ich diese Worte an dich, lieber Leser, eine direkte Botschaft von meinem Herzen an dein Herz. Es war eine lange und abenteuerliche Reise *zurück zur vollkommenen Einfachheit des gegenwärtigen Moments, zurück zum Paradies*, zu diesem einzigartigen Augenblick des Lebens, zu dem Ort, an dem wir zu Hause waren, bevor wir ihn verlassen haben und arglos in die Leiden der Zeit eingetreten sind. Durch die Trümmer meiner selbst, durch die Jauchegrube der Unterwelt, durch die Pforte des Grauens, den Tod meines Egos und zurück ins ewige JETZT. Je mehr ich gelernt habe, mich mit meinem eigenen Leiden, mit meiner eigenen Glückseligkeit, Einsamkeit und Wut, meinen eigenen Ängsten, meinen eigenen seltsamen Begierden und wilden, unkontrollierbaren Trieben anzufreunden, sie anzunehmen und zu besänftigen, je mehr ich gelernt habe, die zahllosen verrückten Stimmen in meinem Kopf zu lieben (ohne sie mit der Wirklichkeit zu verwechseln), umso besser ist es mir gelungen, sie auch in dir zu akzeptieren und nicht zu fürchten (und darum bei dir präsent zu sein und dich nicht „in Ordnung bringen" zu wollen, sondern dich genau so zu lieben, wie du bist). Deine Sehnsüchte sind meine Sehnsüchte. Deine Ängste haben auch mich erfüllt. Deine Glückseligkeit und deine Verzweiflung bewegen mich zutiefst. Sie sind mir sehr vertraut. Deine brennenden Fragen sind so wiedererkennbar und aufrichtig. Deine Zweifel und Unsicherheiten sind von strahlendem Leben erfüllt. *Ich habe zu einem tiefen Mitgefühl für die Menschheit gefunden, indem ich mich meinem eigenen Schmerz gestellt habe. Ich habe zu einem tiefen Mitgefühl für andere Menschen gefunden, indem ich zuerst zu einem tiefen Mitgefühl für mich selbst gefunden habe.*

Während ich mit mir selbst rang, war ich niemals auch nur einen einzigen Moment lang allein. Es gab nie eine Zeit, in der mit mir etwas nicht in Ordnung war, und es gibt auch nie eine Zeit, in der mit dir etwas nicht in Ordnung ist. Wir werden nicht in die Sünde, sondern lediglich in ein Vergessen hinein geboren. Man lehrt uns, uns selbst zu hassen. Wir können diese Selbstaggression wieder verlernen. Wir können das Vergessen rückgängig machen. Wir können uns an das erinnern, was wir immer schon wussten. Wir können den tiefsten Selbsthass und die tiefste Angst vor dem Leben heilen. Sogar von der tiefsten Depression können wir uns wieder erholen. Der Kern unserer Hoffnungslosigkeit birgt neue Hoffnung, die nicht im Verstand und in seinen Bildern wurzelt, sondern in der Wirklichkeit der PRÄSENZ selbst.

Bei unserer Reise der Heilung geht es nicht darum, uns der ungewollten und „negativen" Dinge in uns zu „entledigen", uns von ihnen reinzuwaschen, bis wir einen vollkommenen und utopischen „geheilten Zustand“ erlangt haben. Nein. Das ist die Vorstellung, die der Verstand von Heilung hat. Heilung ist kein Ziel. Wahre Heilung bedeutet, *dass wir genau diese „ungewollten“ Dinge in uns mit Liebe, Präsenz und Verstehen durchtränken.* Sie bedeutet, dass wir unsere tiefsten Schatten, unseren körperlichen und emotionalen Schmerz, die Räume, aus denen wir uns voller Angst und Abscheu zurückgezogen haben, mit einem *gnädigen, mitfühlenden Gewahrsein* durchdringen. Dass wir diese vergessenen, abgeleugneten, zurückgewiesenen und angsterfüllten Räume, diese verlassenen Bereiche unseres Körpers und unseres Geistes mit neugieriger Aufmerksamkeit im gegenwärtigen Moment wieder neu bewohnen. *Denn die Dinge, denen wir unsere Aufmerksamkeit schenken, können wir lieben.*

Was in unseren Augen mit uns „nicht in Ordnung“ ist, unsere Angst, unser Zweifel, unsere Einsamkeit, ist lediglich ein Teil von uns, der nach liebevoller Aufmerksamkeit verlangt – wie ein Säugling, der nach seiner Mutter ruft, weint und schließlich schreit, bis er bekommt, was er will. Liebe. Die *Liebe* – gütiges, achtsames, nicht urteilendes, warmes und gespanntes Gewahrsein – ist das, was selbst unsere tiefsten Verletzungen wirklich heilt. Ich lade dich in diesem Buch durch Worte und durch die Stille zwischen ihnen auf vielfältige Weise ein, zu dieser Zärtlichkeit zurückzufinden, zu dieser liebevollen, nicht herabwürdigenden Begegnung mit uns selbst, zu dieser radikalen Selbstliebe, einer Selbstliebe, die gleichbedeutend mit Meditation ist.

Wenn du bereits eine formale Meditationspraxis hast, können die in diesem Buch enthaltenen Gedanken und Betrachtungen dich hoffentlich inspirieren und dir helfen, deine Praxis zu vertiefen. Vielleicht kannst du mit ihrer Hilfe einige Dinge erkennen, die dir bislang entgangen sind. Wenn die Meditation neu für dich ist und du noch niemals meditiert hast – wunderbar! In Wahrheit sind wir alle Meditationsanfänger, denn Meditation bedeutet einfach, mit neuen Augen zu schauen, bewusst und wach zu sein für das, *was ist,* unsere

Aufmerksamkeit in unsere verkörperte Erfahrung hineinströmen zu lassen, und das kann *immer nur* in der Neuheit des gegenwärtigen Augenblicks geschehen. **Du kannst in diesen Raum der Meditation eintreten, wo immer du bist und bei allem, was du tust.** Im Bus oder im Zug, im gekreuzten Sitz und mit geschlossenen Augen im Wohnzimmer, bei einem Waldspaziergang oder in einem Einkaufszentrum, auf einer Parkbank oder im Wartezimmer einer Arztpraxis. Du kannst es allein oder gemeinsam mit anderen Menschen tun. Jeder Moment deines Lebens bietet dir immer die wunderbare Möglichkeit, zu entschleunigen, tief durchzuatmen und neugierig zu schauen, wo du bist. Neu anzufangen, das Leben durch die Augen des *Nichtwissens* zu sehen. Nicht mehr abstrakt über dein Leben nachzudenken, nicht mehr nach einem anderen Zustand oder einem anderen Gefühl oder einer anderen Erfahrung zu suchen, nicht mehr zu einem anderen Moment zu eilen, sondern **diesen einzigartigen Augenblick der Existenz** wirklich uneingeschränkt zu erfahren.

Wir wollen uns nun gemeinsam auf den Weg machen, der uns in die Fülle des normalen Lebens zurückbringt. Schritt für Schritt, Atemzug für Atemzug, Herzschlag für Herzschlag, durch unsere Freude und unsere Fröhlichkeit, durch unser Leiden und unseren Schmerz, unsere Depression, unsere Sehnsüchte und unsere Ekstase, durch unsere tiefsten Verletzungen und durch die Sprünge in unserem Herzen hindurch. Wir wollen alle Vorstellungen davon, wie wir sein „sollten", hinter uns zurücklassen, die Ratgeber, Selbsthilfebücher und heiligen Schriften anderer Menschen fortlegen, die Landkarten der Wirklichkeit, die wir von anderen Menschen übernommen haben, verbrennen und liebevoll *unsere eigene, direkte, authentische Erfahrung* im Feuer gegenwärtigen Bewusstseins beleuchten.

Das ist wahre Meditation – die Art von Meditation, die dein Leben retten kann.

Pure Faszination für den gegenwärtigen Moment – so, wie er ist.

Wenn wir nur einigermaßen still
und empfänglich sind,
finden wir in jeder Enttäuschung
eine Entschädigung.

– Henry David Thoreau

1

Das Wunder des Atems

In jedem Augenblick unseres Lebens können wir unseren Atem wahrnehmen. Er verankert uns auf wunderbare Weise im JETZT.

Unabhängig davon, wo wir uns befinden, unabhängig von der Uhrzeit und davon, was in der äußeren Welt geschieht, können wir uns neugierig dem tiefen Geheimnis des Atems zuwenden, können wir das lebensspendende Auf und Ab, das Heben und Senken des Atems berühren. Wir können aus dem Verstand heraustreten, aus dem Gedankengebäude der Geschichte von Vergangenheit und Zukunft, und die Frische und schöpferische Kraft eines einzigen Atemzuges berühren.

Sei einen kurzen Moment lang bei deinem Atem präsent, während er sich hebt und senkt, in seinem eigenen Tempo auf- und wieder absteigt. Während du diese Worte liest, achte auf die Empfindungen in deinem Brustkorb und in deinem Bauch, ohne sie kontrollieren oder verändern zu wollen und ohne eine besondere Form der Atmung zu praktizieren. Nimm die Empfindungen deines an- und abschwellenden Atems wahr, das Heben und Senken von Brustkorb und Bauch, das dir seit deiner Kindheit nahe und vertraut ist. Wo spürst du die auf- und absteigenden Empfindungen besonders stark? Gelingt es dir, ihnen einige kostbare Augenblicke lang mit deiner Aufmerksamkeit zu folgen … *auf und ab, auf und ab*?

Erlaube deinem Atem, so zu sein, wie er ist. Lasse zu, dass er sich beständig hebt und senkt wie eine Welle im Meer. Versuche nicht, ihn zu verändern. Wenn dein Atem flach ist, erlaube ihm, flach zu sein. Wenn er tief ist, erlaube ihm in diesem Augenblick, tief zu sein. Fühlt er sich eng und gepresst oder ruhig und geräumig an, nimm auch das einfach wahr. Versuche nicht, den Atem zu etwas zu machen, das er nicht ist. Vergleiche den Atem von heute nicht mit dem von gestern oder morgen. Bleibe bei deinem Atem, wie er ist, in diesem Augenblick, in dieser Stunde, an diesem Tag.

Lasse zu, dass der Atem natürlich fließt. Lasse zu, dass der Körper ganz von selbst atmet. Löse dich von jedem Gefühl, den Atem festhalten zu wollen. Lasse ihn auf seine Weise, in seinem Tempo auf- und absteigen.

Siehst du? Einen Moment lang, während du *deine Aufmerksamkeit auf das richtest, was im Hier ist* (und nicht auf das, was nicht im Hier ist), bist du nicht im Gedankengebäude der Geschichte deines Lebens gefangen! Einen Moment lang bist du aus dem Verstand, aus der komplexen und dramatischen Erzählung mit der Überschrift „Ich und mein Leben“ herausgefallen und in den lebendigen Körper hineingekommen. Du hast die bekannte Welt der Gewohnheit und der Konditionierung verlassen und bist ins Unbekannte, in ein großes, lebendiges Geheimnis hinabgestiegen.

Und wenn du dich wieder im Wahnsinn der Welt verlierst, kannst du stets den Atem um Hilfe bitten.

Du kannst die große und zeitlose Frage stellen: „Atem, wie geht es dir jetzt, in diesem Augenblick?“

Du kannst den geheimnisvollen „ATMENDEN“ in dir mit großer Faszination und tiefster Zärtlichkeit berühren.

Und nimm wahr, dass letztlich nicht du derjenige bist, der atmet, sondern dass *du geatmet wirst.*

2

Wie wahre Heilung geschieht

Viele Menschen haben in der Kindheit gelernt, dass es *nicht in Ordnung* ist, bestimmte Gefühlszustände oder körperliche Empfindungen, innere Triebe und Impulse, Gedanken, Wünsche und Bedürfnisse zu haben, geschweige denn, sie zum Ausdruck zu bringen. Man hat uns beigebracht, bestimmte Selbstanteile zu fürchten und abzulehnen, sie als „dunkel" oder „negativ" oder „krank" oder „schmutzig" oder sogar als „sündig" zu betrachten. Man hat uns beigebracht, uns selbst zu misstrauen, *dem gegenwärtigen Moment* zu misstrauen. Man hat uns glauben gemacht, dass wir von all diesen Dingen getrennt, von der Ganzheit abgeschnitten sind. Man hat uns gezwungen, vom Baum der Erkenntnis von Gut und Böse zu essen, die dualistische Konditionierung unserer Umgebung zu verdauen, die Vorstellung anderer Menschen davon zu schlucken, wie wir „zu sein" haben. Das war unser argloser Sündenfall. Wir tragen keine Schuld daran. Wir wussten es nicht besser.

Als Mädchen hat man dir vielleicht beigebracht, dass deine Wünsche und deine Wut, deine Frustration, dein Widerstand und dein Trotz, deine sexuellen Triebe und Fantasien nicht in Ordnung sind – nicht natürlich, schlecht, krankhaft oder sündig, gefährlich, beschämend oder „nicht damenhaft" sind. Als Junge hat man dir vielleicht beigebracht, dass es nicht in Ordnung ist, traurig zu sein oder deine Verletzlichkeit, deine Ängste und Zweifel, deinen Kummer und deine Sehnsüchte zu zeigen. Dass es nicht in Ordnung ist, um Hilfe zu bitten oder ein Bedürfnis zu haben, eine Grenze zu setzen oder laut zu sagen, was sich für dich richtig anfühlt und was nicht. Man hat uns beigebracht, dass, wenn wir unser wahres, verletzliches Selbst zeigen, wir bestraft oder verspottet, mit anderen verglichen, vernachlässigt, vergessen, ausgelacht oder alleingelassen werden. Man hat uns beigebracht, unsere Verletzlichkeit mit Schwäche zu verwechseln und unsere Empfindsamkeit als etwas zu betrachten, für das wir uns schämen müssen.

Es wurde zu einer Frage der Notwendigkeit, des Überlebens für uns, unsere wahren Gefühle zu verbergen, unser authentisches Selbst zu unterdrücken und ein begriffliches „Ich“, ein Bild, eine *Persona* (Maske) oder einen Charakter zu erschaffen, um Liebe und Anerkennung zu gewinnen, zu etwas zu werden, das wir nicht waren. Ja, *um zu überleben, um geliebt zu werden*, taten wir äußerst erfolgreich und kreativ alles, was in unserer Macht stand, um die ungewollten, gefährlichen, bedrohlichen Energien in uns zu unterdrücken, zu betäuben oder zu zerstören, unser wahres Selbst niederzudrücken und eine Rolle namens „Ich“ zu erschaffen, um der Welt zu gefallen, Strafe, Hohn oder Vernachlässigung zu entgehen, um Aufmerksamkeit und Lob zu erlangen, um unsere grundlegenden Beziehungen intakt zu erhalten. Wir wurden zu Schauspielern und setzten alles daran, andere Menschen von unserem „dunklen“ Innenleben abzulenken. Wir gaben vor, stark zu sein, während wir uns schwach fühlten, obenauf, während wir uns niedergeschlagen fühlten, voller Zuversicht, während wir Angst hatten, beherrscht und zurückhaltend, während wir uns in Wirklichkeit danach sehnten, albern, spontan und kreativ zu sein. In dem Maße, in dem wir unser wahres Selbst unterdrückt haben, hat unsere Kindheit uns niedergedrückt, gespalten und traumatisiert.

Wir haben uns in unserer Arglosigkeit um der Liebe willen aufgegeben. Und womöglich sind wir tief in uns bis heute davon überzeugt, dass mit uns etwas nicht in Ordnung ist. Die „inakzeptablen“ und „dunklen“ und „beschämenden“ Gefühle, Wünsche und Sehnsüchte gären nach wie vor in unserem Inneren, tief im Unbewussten, zehren unsere Lebensenergie und unser Lebensgefühl auf und sorgen dafür, dass wir uns müde, niedergedrückt, lethargisch, ängstlich und vom Leben und voneinander getrennt fühlen. Ungefühlte und unterdrückte Energien können eine zerstörerische Wirkung entfalten, unser Immunsystem angreifen und eine Vielzahl an körperlichen und geistigen Krankheiten fördern. Vielleicht fühlen wir uns wie tot, ohne den Grund zu kennen. Wir wenden uns Süchten und zwanghaftem Verhalten zu – Alkohol, Drogen, Sex, Fernsehen, Internet, Konsum –, denken übermäßig viel nach oder arbeiten übermäßig viel, um uns zumindest vorübergehend selbst zu entfliehen.

Jesus sagt im Thomasevangelium:

„Wenn du nicht hervorbringst, was in dir ist, wird dich das, was du nicht hervorbringst, zerstören.“

Er hat die Erfahrung eines Traumas perfekt beschrieben.

Jesus sagt auch:

„Wenn du hervorbringst, was in dir ist, wird dich das, was du hervorbringst, erretten.“

Durch dieses „Hervorbringen“, dadurch, dass wir unsere Wunden mit dem liebenden Bewusstsein durchströmen, das der Wesenskern wahrer Mediation ist, können selbst der tiefste innere Schmerz und das tiefste Trauma in Medizin verwandelt werden.

In der Gegenwart eines vertrauenswürdigen Freundes oder Therapeuten, in der Gegenwart Gottes, in unserer eigenen Gegenwart, in der Gegenwart der Berge, der Weite der Ozeane oder sogar eines tierischen Freundes können wir den Mut finden, unsere Persona zusammenbrechen zu lassen, uns wieder mit unseren ungeliebten Anteilen verbinden und die abgespaltenen schattenhaften Energien ins LICHT des GEWAHRSEINS „hervorbringen". Wir können es wagen, uns so unwohl und angstvoll, so ungeliebt und unwürdig, so wütend und chaotisch wie niemals zuvor zu fühlen. Wir können es wagen, uns selbst zu sehen und im Gegenzug gesehen zu werden. Das Bild zu verlieren. Aus unserem Versteck zu kommen. Das unterdrückte Chaos, das Durcheinander, das „Opfer" in uns, das verlorene Kind kann jetzt in den gegenwärtigen Augenblick zurückkehren und anstelle von Scham und Urteil und Spott und Angriff werden ihm diesmal *Liebe und Atem und Verstehen, ein freundlicher Empfang und Aufmerksamkeit und Neugierde* zuteil. Die ganze lebensspendende Kraft, die in diesen unterdrückten Emotionen gefangen war, kann nun wieder in unseren Körper einströmen, die ganze schöpferische Kraft der Wut, des Kummers, der Schuld, der Angst und der Freude kann uns nun mit Energie erfüllen, uns inspirieren, uns das Gefühl geben, wieder ganz und kraftvoll und lebendig zu sein. Die Energien, die uns zu zerstören drohten – unsere Wut, unsere Angst, unsere Trauer, unsere tiefsten und merkwürdigsten und schöpferischsten Wünsche – können nun zu unseren größten Lehrern, Freunden und Führern werden, zu unseren größten Quellen geistiger Nahrung und Inspiration.

Wenn die heilende Reintegration geschieht, gelingt es uns vielleicht nicht länger, dem Bild des „ruhigen, gelassenen, gesammelten spirituellen Praktikers" gerecht zu werden. Es kann sein, dass wir schreien, zittern, weinen, schwitzen, neue und überraschende Dinge sagen oder zutiefst erschöpft oder dankbar zu Boden sinken. Es kann sein, dass wir einen chaotischen und gebrochenen und wilden und „verrückten" Eindruck machen. Es kann sein, dass wir Dinge fühlen und denken, die uns „überhaupt nicht ähnlich" sehen. Es kann sein, dass wir das Gefühl haben, verrückt zu werden, zu sterben oder uns vollständig zu verlieren. Es kann sein, dass Menschen, die wir für unsere

Freunde hielten, vor unserem Chaos davonlaufen, es herabwürdigen wollen oder versuchen, uns zu „retten“ (um sich vor ihrem eigenen Unbehagen zu retten). Es kann sein, dass unser äußeres Leben aus den Fugen gerät. Es kann sein, dass Beziehungen zerbrechen. Es kann sein, dass alte Bezugspunkte verschwinden. Es kann sein, dass sich neue Freunde, eine neue Familie, ein neuer Partner einstellen, um uns in unserem Prozess zu unterstützen, um bei uns zu bleiben, während wir uns verlieren und uns wiederfinden und uns wieder neu in unsere Wildheit verlieben. Während wir ins Paradies zurückkehren. Während wir entdecken, wer wir wirklich sind, Tag für Tag, Schritt für Schritt.

Während dieser Heilungskrise können wir zu jeder Zeit aus der Geschichte aussteigen und zur Einfachheit, zum stets gegenwärtigen Feld der Meditation zurückkehren. Wir können uns unserer Füße auf dem Boden gewahr werden. Wir können atmen. Wir können zulassen, dass alte und machtvolle Energien uns durchströmen, wie der uralte Himmel, der einen Sturm zulässt. Wir können anfangen, unserem Körper und seinen Geheimnissen von Moment zu Moment wieder neu zu *vertrauen*. Wir können uns an unsere GÖTTLICHE FÄHIGKEIT erinnern – daran, wie viel Leben wir halten können, schmerzerfüllt und freudig, stürmisch und zärtlich, positiv und negativ, heilig und profan. *Alle* Gedanken und Gefühle haben ein Zuhause in uns. *Alle* Anteile unseres Menschseins sind liebenswert, heilig, natürlich.

Wir können *alles* halten, von der allergrößten Freude bis zur allertiefsten Verzweiflung. Wie eine Mutter, die ihr neugeborenes Kind hält. Wie die Erde, wie der Boden, der dich jetzt hält, während du gerade diese Worte in diesem gewöhnlichen Buch liest, an diesem gewöhnlichen Tag in diesem wunderbaren Jetzt, in diesem gegenwärtigen Augenblick dieses kostbaren, einzigartigen und unwiederbringlichen Lebens, das dir geschenkt wurde.

Was kannst du in diesem Augenblick sehen? Was kannst du hören? Was kannst du fühlen? *Achte einen Moment lang darauf.* Fühlst du dich von Frieden erfüllt? Angespannt? Müde? Weit? *Denke nicht. Schau hin.* Hast du das Gefühl, mit etwas zu ringen? Ein Gefühl der Erwartung? Fühlst du dich leer? Erfüllt? Bist du aufgeregt? Empfindest du ein Gefühl von Trauer, Einsamkeit, Angst, Freude? Ist dein Verstand ruhig oder beschäftigt? Wie fühlt es sich an, auf diesem Stuhl zu sitzen, in diesem Bett zu liegen, dort zu stehen, wo du gerade stehst, so zu atmen, wie du gerade atmest? Ist dein Atem schnell oder langsam, flach oder tief?

Kannst du dem, was jetzt gerade im Hier lebendig ist, einen Moment lang deine ungeteilte Aufmerksamkeit widmen? Kannst du bei dieser Angst bleiben, ohne sie besänftigen zu wollen? Kannst du bei dieser Leere bleiben, ohne sie füllen zu wollen? Kannst du diese Einsamkeit, diese Freude, diesen Zweifel mit nicht wertender Aufmerksamkeit durchströmen? Kannst du den gegenwärtigen Moment so betrachten, wie ein Künstler sein Modell, wie ein Liebender seine Geliebte betrachten würde? Nicht als etwas, das verändert oder geheilt werden muss, sondern als etwas, das für sich genommen ganz und faszinierend ist? Und wenn es dir nicht gelingt, im Hier zu sein, wenn du keinen Ort findest, an dem du zulassen kannst, kannst du dann einen Moment lang bei *diesem* Gefühl – der Ruhelosigkeit oder des Widerstandes, der Frustration oder der Ablehnung – bleiben, ohne es beheben oder es heilen zu wollen, ohne es überwinden oder dafür sorgen zu wollen, dass es verschwindet?

3

Von der Niedergedrücktheit zu tiefer Ruhe

Unabhängig davon, wie glücklich sie nach außen hin auch erscheinen mögen, sind alle Menschen bis zu einem gewissen Grad depressiv, von ihrem falschen Selbst niedergedrückt, auf einer tiefen Seelenebene erschöpft, weil sie ein Bild aufrechtzuerhalten, eine Rolle zu spielen versuchen, die nicht dem entspricht, der sie in Wirklichkeit sind.

Wir sehnen uns ganz einfach danach, unsere Rolle aufzugeben und wieder authentisch zu sein. Wir sehnen uns danach, aus dem Schauspiel der Trennung aufzuwachen, unser Kostüm abzulegen und unser Make-up zu entfernen, das Skript zu zerreißen, das unsere Familie und unsere Kultur uns aufgezwungen haben, und einfach zu *sein*. Wenn wir unsere *wahren* Gefühle, Wünsche, Triebe und Sehnsüchte unterdrücken, sie ins Unbewusste verbannen, als Maske in der Welt leben, eine Karikatur unserer selbst verkörpern, sind wir niedergedrückt, lethargisch, gefühllos und tragen möglicherweise sogar Selbstmordgedanken in uns.

Die Erfahrung der *Depression* ist also kein Fehler, sondern von einer tiefen Intelligenz getragen. Sie ist ein Weckruf. Eine Depression ist eine uralte, aber gründlich missverstandene Aufforderung zu tiefer Ruhe, Langsamkeit, Präsenz, Wahrheit. Sie ist eine Aufforderung, aus dem Verstand mit seinen Ängsten und seinen Sorgen und seinem Groll heraus- und wieder in den lebendigen Körper, seine Sinne und seine Spontaneität hineinzukommen. *Sie ist eine Aufforderung, das falsche Selbst zu „töten", den Charakter, den wir gespielt haben, und der zu sein, der wir wirklich sind.* Das Bild loszulassen. Nicht mehr vor dem lebendigen Moment davonzulaufen. Unsere Verletzungen und unsere Traumen mit tiefster Zärtlichkeit zu berühren. Unsere innerste, direkte Erfahrung voller Achtsamkeit mit liebender Aufmerksamkeit zu durchtränken. Uns unserer hochintelligenten Wut, unserer ehrfurchtgebietenden Trauer und unserer erstaunlichen Ängste bewusst zu werden. Unseren Weg zu gehen, uns mutig voranzukämpfen. Unsere ganz einzigartige Wahrheit laut auszusprechen. Die uns innewohnende Wildheit und Kreativität nicht mehr niederzudrücken. Aus unserem Versteck zu kommen und zuzulassen, dass wir gesehen werden. Für das zu sterben, was falsch ist, und für das zu erwachen, was wirklich ist.

Meine tiefe Depression, Lebensmüdigkeit und existenzielle Verzweiflung haben mein Leben hundertfach gerettet und mich auf diesen Weg der Heilung geführt. Meine Depression war eine einzigartige Aufforderung zur Entdeckung der tiefsten kosmischen Ruhe in mir selbst. Ich bin den Göttern der Unterwelt auf ewig dankbar, weil sie mich so unglücklich gemacht haben, dass ich anfing, den zu hinterfragen, für den ich mich gehalten hatte, und mich in den Boden verliebte, auf dem ich stand.

Ich musste weder meinen Körper noch meinen Geist zerstören. Ich musste lediglich mein „Selbst"-Bild zerstören, damit ich ein Bild von „mir" nicht länger mit dem verwechselte, der ich in Wirklichkeit war. Ich musste den mitfühlenden spirituellen „Selbstmord" begehen, *mich in den gegenwärtigen Augenblick zu verlieben.* Dies ist das große Paradoxon des Erwachens. Wir müssen „sterben", damit wir wirklich leben können. Wir müssen alles „töten" (loslassen), was wir nicht sind, um als der aufblühen zu können, der wir wirklich sind.

Wir müssen der falschen Vorstellung sterben, dass wir nicht EINS mit den Sternen, mit dem Mond, mit den bei Tagesanbruch ziehenden Schwalben, dem wilden Lavendel und dem Heidekraut und der Alpenrose sind.

4

Warte nicht länger auf die Fülle

Als du jung warst, hast du es geliebt, zu träumen und Träume loszulassen. Du hast im Jetzt gelebt.

Als du älter wurdest, hast du angefangen, deine Träume und Ziele viel zu ernst zu nehmen. Du hast dein Glück an die Zukunft geknüpft und das Ziel einer Reise wurde wichtiger als die Reise selbst.

Du hast ganz einfach vergessen, wie kostbar das Leben in jedem einzelnen Augenblick ist.

Natürlich kannst du von dem träumen, was du willst. Natürlich kannst du die Vision von einer außergewöhnlichen Zukunft hegen. *Lerne aber auch, deine Träume loszulassen.* Lasse zu, dass sie im Fluss des Lebens davontreiben, und richte deine Aufmerksamkeit wieder auf den Ort, an dem alle Träume beginnen und enden, geboren werden und sterben: auf den gegenwärtigen Augenblick. Benutze einen Traum oder eine Hoffnung nicht als Ausrede, um dich von dem Ort abzuschneiden, an dem du dich gerade befindest, denn dieser Ort ist viel zu kostbar.

Lerne den Ort zu lieben, an dem du dich gerade befindest. Lasse dich auf die Zwischenmomente ein. Nimm die gewöhnlichen Schritte auf dem Weg an. Die Momente des „Nichts“. Die scheinbar belanglosen Augenblicke des Lebens. Die ereignislosen Momente, in denen scheinbar überhaupt nichts passiert. Lerne dieses Nichts zu lieben, das köstliche Gefühl des Wartens, der Sehnsucht, des Verlangens, des Suchens und der Vorfreude auf das, was als nächstes kommt. Lerne im Raum zwischen dem Wollen und dem Bekommen, dem Träumen und der Erfüllung des Traums zu tanzen und zu atmen. *Lerne die Tatsache zu lieben, dass du gerade nicht hast, was du haben willst.* Lerne die Filmszenen zwischen den dramatischen Abschnitten wertzuschätzen. Das Gefühl des enorm großen Potenzials, das ihnen innewohnt, die Schönheit und Erfülltheit des Raums, die köstliche Empfindung des Nichtvorhandenseins, die fruchtbare Leere, das dem Nichts innewohnende *Etwas*.

Erkenne, dass ein „Mangel" nur Raum ist, dem Widerstand geleistet wird. Und so ist selbst ein „unvollständiges" Gefühl, ein Gefühl der Leere, vollständig, ein willkommener Besucher im Herzen. Atme in den Bauch, in den Brustkorb, in den müden Kopf hinein. Durchtränke das Gefühl des Mangels mit neugierigem Gewahrsein. Durchströme den Körper und seine Schwere mit Licht, sättige ihn mit Aufmerksamkeit, erfülle ihn mit Liebe. Spüre das Gewicht und die Weite des Rumpfs, der Schultern, des Nackens, der Beine, des ganzen Körpers, erfüllt von Empfindungen und der Stille zwischen den Empfindungen.

Selbst wenn du nicht hast, was du willst, bist du eingeladen, genau dort sein zu wollen, wo du bist, dich in den Ort zu verlieben, an dem du stehst oder sitzt, ihn zu wollen, den fruchtbaren Boden zu berühren, während du wartest, oder das Warten zu vergessen und ganz einfach die unverwechselbaren und unwiederbringlichen Momente des geheimnisvollen Films mit dem Titel „Du" zu genießen.

Öffne deine Arme in Dankbarkeit, bereit, alles zu empfangen, was kommt, bereit, alles zu segnen, was geht – das ist der Ruf wahrer Meditation.

Denn manchmal kann sogar das „Nichtbekommen" ungemein *erfüllt* sein.

Siehe, dein erfülltes Leben!

5

LIEBE MICH, STATT MICH „IN ORDNUNG BRINGEN“ ZU WOLLEN

„Bitte versuche nicht, mich „in Ordnung zu bringen“. Ich bin nicht defekt. Ich habe nicht um deine Lösungen gebeten.

Wenn du versuchst, mich „in Ordnung zu bringen“, aktivierst du ungewollt tiefsitzende Gefühle der Unwürdigkeit, der Scham, des Versagens, ja sogar des lebensmüden Selbstzweifels in mir. Ich kann nicht anders. Ich habe das Gefühl, mich ändern zu müssen, um dir zu gefallen, mich verwandeln zu müssen, nur um dir deine Sorge zu nehmen, mich bessern zu müssen, um deinen Widerstand dagegen zu beenden, wie ich bin. Und ich weiß, dass ich dazu nicht imstande bin, erst recht nicht in dem Tempo, zu dem du mich drängst. Du versetzt mich in eine unerträgliche Zwangslage, wenn du mich „in Ordnung bringen“ willst. Ich fühle mich zutiefst machtlos.

Ich weiß, dass du in liebevoller Absicht handelst! Ich weiß, dass du mir wirklich helfen willst. Du willst den Menschen dienen. Du willst sie von ihrem Schmerz befreien. Du willst dich um sie kümmern, sie aufmuntern, aufwecken, aufklären, inspirieren. Du glaubst wirklich, dass du ein positiver, mitfühlender, selbstloser, gütiger, guter, netter, reiner, spiritueller Mensch bist. Ich möchte dir jedoch ehrlich sagen, mein Freund, dass ich mich zutiefst *ungeliebt* fühle, wenn du versuchst, mich auf diese überholte Weise zu „lieben“. Es fühlt sich so an, als wolltest du deine eigene Anspannung lindern, wenn du versuchst, mich „in Ordnung zu bringen". Ich komme mir vor wie ein zerbrochener Gegenstand, der repariert werden muss.

Wenn du versuchst, mich „in Ordnung zu bringen", fühle ich mich unter dem Deckmantel deiner „Güte", „Hilfsbereitschaft" und „Spiritualität" erdrückt, zurückgewiesen, beschämt und zutiefst ungeliebt. Ich fühle mich in deiner Liebe alleingelassen. Verstehst du das? Ich habe das Gefühl, dass du dich in Wahrheit gar nicht um *mich* sorgst, auch wenn es oberflächlich betrachtet ganz sicher so aussieht. Aber tief in mir fühlt es sich so an, als hieltest du an einem *Bild* davon fest, wie ich sein sollte. *Dein Bild. Nicht meins.* Es sieht wie Liebe aus, fühlt sich aber wie Gewalttätigkeit an. Verstehst du?

Die größte Hilfe für mich bist du dann, wenn du aufhörst, mir „helfen" zu wollen! Ich ändere mich nicht länger, um dir zu gefallen! Ich fühle mich sicher, respektiert, gesehen, geachtet als der, der ich bin. Ich kann auf meine eigene subjektive Macht zurückgreifen. Ich kann mir wieder vertrauen, so wie du mir vertraust. Ich kann mich tief entspannen.

Ohne deinen Druck, ohne deine Forderung, mich aufzugeben und anders zu sein, geheilt, transformiert, erleuchtet, erwacht, „besser", kann ich mich selbst besser sehen. Ich kann meine eigenen inneren Ressourcen entdecken. Ich kann meine eigene kraftvolle Präsenz berühren. Ich fühle mich sicher genug, meine eigenen Gefühle, Gedanken, Wünsche zuzulassen und auszudrücken und meine eigenen Wahrnehmungen zu vertreten. Ich fühle mich nicht länger erdrückt, als Opfer, als kleines Kind im Vergleich zu deinem erwachsenen Sachverstand. Der mutige Krieger in mir erwacht. Ich atme freier und tiefer. Ich spüre meine Füße auf dem Boden. Liebevolle Aufmerksamkeit durchtränkt meine Erfahrung, sogar ihre unangenehmen Seiten. Meine Sinne fühlen sich weniger abgestumpft an. Heilende Energien steigen aus meiner inneren Tiefe auf. Ich fühle mich leicht, frei, von deiner Missbilligung befreit. Ich fühle mich respektiert, nicht beschämt. Als ein lebendiges Wesen wahrgenommen, das nicht mit einem Bild verglichen werden kann.

Du hilfst mir sehr, wenn du aufhörst, mir helfen zu wollen, mein Freund! Ich brauche nicht deine, sondern meine *eigenen* Antworten und meine *eigene* Wahrheit. Ich wünsche mir einen Freund, präsent und wirklich, der mich hält, während ich innerlich zerbreche und wieder heil werde, keinen Fachmann oder Erlöser oder jemanden, der mich daran hindern will, meinen eigenen Prozess zu durchlaufen.

Und siehst du, dass du, wenn du versuchst, mich zu retten, in Wirklichkeit dich selbst aufgibst? Dass du vor deinem eigenen Unbehagen, deinem eigenen ungelebten Potenzial davonläufst und dich stattdessen auf mich und auf mein Unbehagen konzentrierst? Ich werde zu deiner perfekten Ablenkung und das will ich nicht länger für dich sein …"

Wir wollen nicht länger versuchen, einander „in Ordnung zu bringen" oder zu retten. Wir wollen einander stattdessen lieben. Uns voreinander verbeugen. Einander segnen. Einander halten. So wie wir sind. So wie wir wirklich, wirklich, wirklich sind.

6

WENN DU TRAURIG BIST

Die Tatsache, dass du traurig bist, heißt nicht, dass deine Schwingung „niedrig“ ist. Du bist nicht krank, gebrochen, unerleuchtet oder fern der Heilung. Du bist nicht „im Ego gefangen“ oder im „getrennten Selbst“ stecken geblieben. Du bist nicht negativ und musst nicht „in Ordnung gebracht“ werden. Traurigkeit ist kein Fehler, sondern das Leben, das dich durchströmt, und das Leben kann nie ein Fehler sein.

Du bist einfach traurig. Das ist alles.

Traurigkeit ist ein Gefühlszustand, der sich auf der vor Leben pulsierenden Leinwand des gegenwärtigen Moments abspielt. Das ist alles.

Sie ist kein Problem, das eine Lösung oder ein Pflaster erfordert. Sie ist ein heiliger und kostbarer Anteil deiner selbst, der sich nach Liebe, Akzeptanz, einer Umarmung und Ruhe sehnt.

Du wurdest heute mit Traurigkeit gesegnet. Du wurdest als ihr Zuhause auserwählt. Laufe nicht vor einem so überaus kostbaren Gast davon.

7

Entspanne dich – du bist nicht der Macher

Was ist Stress? Stress ist die Spannung zwischen dem gegenwärtigen Moment und deinem geistigen Bild davon, wie dieser Moment sein *sollte*. Stress ist dein enger Blick auf eine mentale Liste der „Dinge, die zu tun sind“, der eingebildete Druck der „zahllosen Dinge, die noch nicht getan sind“, der „zahllosen anderen Dinge, die ich jetzt tun sollte“, und der „zahllosen wunderbaren Dinge, die mir entgehen“.

Stress hat immer mit in die Vergangenheit und in die Zukunft gerichtetem Denken zu tun, damit, dass du den wahren GRUND vergisst, auf dem du stehst, und den einzigen Ort, an dem du Macht besitzt: den gegenwärtigen Moment, hier, jetzt, heute.

Wenn dein Augenmerk sich von dem abwendet, was *nicht* präsent ist, und sich dem zuwendet, was präsent *ist*, fort vom „Mangel“ und hin zu dem, was im Hier überreich vorhanden ist, wenn du, statt eine Liste mit zehntausend Punkten abarbeiten zu wollen, einfach den *nächsten* Punkt, die *eine Sache, die jetzt und hier zu tun ist*, mit vollkommener Aufmerksamkeit und Leidenschaft und Präsenz tust, werden Listen mühelos abgearbeitet und die Aufgaben erledigen sich in einem tieferen Sinne selbst.

Entspanne dich. Du bist nicht der Macher.

8

Der Bruch und die Reparatur

Wenn unsere Pläne und Träume zerbrechen … was zerbricht nicht?

Zuerst geschieht der Bruch. Der gegenwärtige Zustand wird erschüttert. Die alte Sicherheit existiert nicht mehr. Alte Verletzungen werden zu neuem Leben erweckt, der Schmerzkörper wird reaktiviert, ein verschüttetes Trauma bricht aus den Tiefen des Unbewussten hervor. Du hast das Gefühl, die Orientierung, den Boden unter den Füßen, deine Heimat verloren zu haben, und weißt nicht, wohin du dich wenden sollst. Eine alte Welt ist in sich zusammengestürzt und eine neue Welt ist noch nicht entstanden.

Du begegnest dem seltsamen Raum des JETZT. Reine Präsenz, elementar, nicht durch alte Träume geschützt, nichts, an das du dich klammern könntest. Sogar deine überholten Vorstellungen von Gott fallen an diesem Punkt in sich zusammen.

Und dann erinnerst du dich an deinen Atem.

Und du kehrst zur Sicherheit des gegenwärtigen Augenblicks zurück. Du spürst wieder, dass deine Füße den Boden berühren. Du nimmst das Gewicht des Körpers wieder wahr. Du *beobachtest* den Wahnsinn des Verstandes, statt dich in ihm zu verlieren. Du beobachtest, wie deine Gedanken außer Kontrolle geraten, aber du – als Gewahrsein – gerätst nicht mit ihnen außer Kontrolle. Es mag sich so anfühlen, als sei die Welt außer Kontrolle, aber du bist es nicht. **Du bist nicht der sich ständig wandelnde Verstand, sondern sein unwandelbarer Beobachter, und diese Erkenntnis verändert alles.**

Und du fühlst, was du jetzt fühlst. Angst. Wut. Starre. Trauer. Einsamkeit. Unsicherheit. Was es auch immer ist. Du verpflichtest dich, dieses Gefühl heute vollständig zu fühlen, nicht vor ihm davonzulaufen. Ein Gefühl ist nur ein Gefühl, fließende Energie und keine Tatsache, und die Präsenz kann es halten, während es fließt. Du klagst, du weinst, du schreist, aber deine Reparatur hat begonnen. Du bist zerbrochen, um geheilt zu werden. Alte Energien sind zur Oberfläche emporgestiegen, damit du sie heute mit Liebe, Akzeptanz, Zärtlichkeit segnen kannst. Und nur das Heute existiert.

Du brauchst das Leben immer nur von Moment zu Moment zu meistern. Bitte vergiss das nicht.

Du kannst nicht zum vorherigen Zustand zurückkehren. Du kannst das, was du gesehen hast, nicht ungesehen machen. Aber du kannst präsent sein, genau jetzt. Und du kannst jetzt jeden Schritt bewusst gehen, nicht gewohnheitsmäßig, automatisch, sondern achtsam, behutsam. Dankbar für jeden weiteren Moment sein, den du lebst. Der Luft, dem Regen, der unermesslichen Weite des Himmels danken. Den Füßen und den Beinen und der Wirbelsäule dafür danken, dass du aufrecht stehen kannst. Den Armen für alles danken, was sie tragen und halten. Dem Herzen für alles danken, was es erträgt – Tag für Tag. Den Schultern, dem Gehirn, den Lungen, den Muskeln, allen Organen danken, die unaussprechliche Geheimnisse in sich bergen.

Jetzt bei dir bleiben, während deine alte Welt zerbricht, diesen neuen und unbekannten Weg mit Vertrauen und Mut gehen, langsam, achtsam, behutsam. In dein neues Leben eintreten, Schritt für Schritt, deine Welt mit jedem Schritt reparieren, mit den Augenblicken vertraut werden.

9

Deine andere Hälfte

„Ich kann ohne dich nicht leben."

„Du vervollständigst mich."

„Ohne dich bin ich nichts."

„Du darfst mich niemals verlassen."

Man hat dir über die Liebe eine schöne Lüge aufgetischt. Niemand kommt, um dich zu retten. Kein Prinz hoch zu Ross. Keine Julia. Nicht „der besondere" Mensch. Keine Ersatzmutter. Kein Messias, kein Erlöser, kein Gott, der dir alle Zweifel, deinen Schmerz, das Gefühl von Leere, Trennung und Verlassenheit nimmt, das seit deiner Kindheit in deinen Eingeweiden festsitzt. Niemand kann deine Gefühle für dich fühlen und integrieren und verarbeiten. Niemand kann für dich leben und sterben. Niemand hat die Macht, dich dauerhaft von deiner inneren Reise abzulenken. Niemand kann dich besitzen oder von dir besessen werden. Niemand kann dich vervollständigen. Niemand wird kommen, um dich zu retten. Das sind entsetzliche, wunderbare Nachrichten.

Deine andere Hälfte, deine Vervollständigung, deine Erlösung, das höchste Ziel in deinem Leben liegt nicht außerhalb von dir, sondern *tief in dir*. Dort lebt es als deine ureigene warme Präsenz, leuchtet als innere Sonne.

Viele Menschen suchen nach Liebe oder wollen an einer Liebe festhalten, die ihnen zu entgleiten scheint. Oder sie glauben, die Liebe verloren zu haben, und versuchen, sie zurückzubekommen, laufen vor unbequemen Gefühlen des Rückzugs davon, betäuben sich mit noch mehr Träumen, laufen immer weiter vor sich selbst davon auf der Suche nach etwas, das sie nie erreichen werden, träumen immer noch davon, dem „einen besonderen" Menschen zu begegnen, der sie vervollständigen, ihnen lebenslange psychologische Sicherheit bieten, die perfekte Mutter oder der perfekte Vater für sie sein kann, den sie niemals hatten.

Das ist natürlich keine Liebe. Es ist Angst, eine drängende Flucht vor dem Alleinsein.

Wir haben einfach nie gelernt, allein zu sein.

Wenn du sie finden oder verlieren kannst, wenn sie dir geschenkt oder genommen werden kann, wenn du um sie kämpfen, um sie betteln, dich oder andere Menschen manipulieren musst, um sie zu bekommen, wenn du glaubst, dich ihrer würdig erweisen, sie verdienen, sie gewinnen, an ihr festhalten, ja sie sogar *verstehen* zu müssen, wenn du „verliebt" und „entliebt" sein kannst, dann hast du es mit dem zu tun, was der Verstand als Liebe begreift. Es ist die Lüge, nicht die Wirklichkeit.

Wenn du liebst, bist du präsent. Das ist alles. Liebe ist einfach und gütig und mühelos. Wenn du einen Menschen liebst, bist du bei ihm präsent. Ebenso präsent, wie du es bei dir selbst bist. Ebenso präsent, wie die Sonne am Himmel es ungeachtet der Wolken, der Stürme und des sich ständig ändernden Wetters ist.

Verwechsle die Liebe also nicht mit Verlangen. Verlangen kommt und geht. Es brennt hell oder die Flamme erlischt. Verlangen ist nicht beständig, wie die Liebe es ist.

Verwechsle die Liebe nicht mit Anziehungskraft. Die Kraft, die uns zu einem anderen Menschen hinzieht, ist ein wunderbares Gefühl, aber sie kommt und geht, steigt und fällt wie die Wellen des Ozeans. Sie verändert sich im Laufe von Jahreszeiten, Tagen, Stunden, Augenblicken. Sie ist nicht allgegenwärtig wie die Liebe.

Verwechsle die Liebe nicht mit warmen und angenehmen Gefühlen, mit der „Chemie" zwischen zwei Menschen, mit schwärmerischen Gefühlen der Verliebtheit. Angenehme Gefühle verwandeln sich sehr rasch in Schmerz. Liebe ist weder Vergnügen noch Schmerz, weder Ekstase noch Verletztheit. Sie ist das Feld, das selbst dann noch Bestand hat, wenn die Glückseligkeit in Verzweiflung umschlägt. Sie ist der Raum für *alle* Gefühle.

Verwechsle die Liebe nicht mit dem drängenden Wunsch, einen anderen Menschen zu besitzen oder besessen zu werden. Liebe ist keine Vernarrtheit. Liebe ist weder obsessiv noch zwanghaft. Liebe klammert nicht. Liebe besitzt nichts. Sie ist schwerelos, transparent, formlos und klar. Liebe sagt nicht: „Ich brauche dich für mein Glück, meine Zufriedenheit, mein Leben." Nein, Liebe ist gleichbedeutend mit Freiheit, mit einem offenen Herzen, mit der Bereitschaft, jedes Gefühl zu fühlen, jeden Gedanken zu denken.

Der gefährlichste Mythos ist die Überzeugung, dass jemand anderer die Macht besitzt, „uns glücklich zu machen". Nein, nein. Glück, wahres Glück, das Glück, das nicht gekauft oder verkauft oder säuberlich verpackt werden kann, ist identisch mit deiner eigenen Präsenz, die niemand dir geben und niemand dir nehmen kann. Sie ist alterslos, zeitlos und formlos und dennoch so fest und wirklich wie *die Erfahrung, die mit dem Lesen dieser Worte in diesem Moment verbunden ist.*

Wenn du das Glück bei einem anderen Menschen suchst, bist du immer von ihm abhängig, hast immer Angst, ihn zu verlieren, und unter deiner „Liebe“ rumoren Sorge und Groll. Du passt dich an, um ihm zu gefallen, betäubst deine unguten Gedanken und Gefühle, verschließt die Augen vor der Wahrheit und lebst voller Hoffnung in einer Fantasiewelt. Du machst dich selbst unglücklich, um seine Liebe zu gewinnen, ihn nicht zu verlieren, sein Interesse am Leben zu erhalten. Du machst dich selbst unglücklich, indem du versuchst, ihn glücklich zu machen ... oder indem du dich zwingst, glücklich zu sein. Das ist keine Liebe. Es ist Abhängigkeit. Abhängigkeit von einem Menschen und einer Vorstellung. Es ist Angst, die sich als „Verliebtheit“ tarnt. Es ist die Lüge.

Doch unter jeder Abhängigkeit liegt die Sehnsucht nach Heimat, nach der MUTTER im tiefsten Sinne des Wortes verborgen.

Finde also das tiefste Heimatgefühl in dir selbst. Mache deinen Körper zu deiner Heimat und zu deiner Mutter, den Atem zu deinem Vater, deinen Bauch zu deinem liebsten Freund, während er sich im gegenwärtigen Augenblick hebt und senkt. Mache deine Hände, deine Schultern, die Art, wie sich dein Gesicht anfühlt, das Gewicht deiner Kleider und die Geräusche des Tages und der Nacht zu deinen Geliebten. Finde deinen Urgrund in dem Gefühl, lebendig zu sein, im Blick der Augen eines Freundes, in den Geräuschen des morgendlichen Verkehrs und im Geruch von frischgebackenem Brot, in der Sehnsucht und der Aufregung und der Langeweile, die dich täglich begleiten. Und an diesem Ort der Präsenz verbringe Zeit mit Menschen, die dich nähren, die dir helfen, dich lebendig zu fühlen, die mit dir fühlen und deine Gefühle anerkennen können. Wenn du nicht versuchst, Liebe zu gewinnen, wenn du nicht vor deinen eigenen unbequemen Gefühlen davonläufst, kannst du es dir leisten, wirklich zu lieben und geliebt zu werden.

Lade andere Menschen ein, in das Feld deiner Liebe einzutreten. Erlaube ihnen zu bleiben, erlaube ihnen zu gehen, verbeuge dich vor ihrem Weg und gehe deinen eigenen Weg voller Mut. Glaube aber nicht einen Moment lang an die Lüge, dass die Erlösung an einem anderen Ort zu finden ist als im Herzen deiner Präsenz, als an dem Ort, an dem es niemanden gibt, der erlöst werden muss, und niemanden, der die Erlösung vollbringt. Dem Ort wahrer Meditation. Dem Ort, an dem du das Leben berührst und im Gegenzug vom Leben berührt wirst, Augenblick für Augenblick …

Denn du bist DER EINE, bist dein eigener größter Geliebter, Partner, Freund und Lehrer, bist deine MUTTER. Und so kannst du dir jeden Morgen nach dem Aufwachen und jeden Abend vor dem Einschlafen und bei jedem Einatem und Ausatem sagen:

„Ich kann ohne mich nicht leben."

„Ich vervollständige mich in jedem Augenblick."

„Ohne mich bin ich nichts."

„Wo ich beginne, dort beginnt das Leben …"

10

Die Stille zwischen uns

In der Kultur mancher amerikanischer Ureinwohner gilt es als höflich, mehrere Minuten zu warten, ehe man auf eine Frage antwortet oder in einem Gespräch das Wort ergreift. Eine zu rasche Antwort wird als ungehobelt angesehen, weil sie zeigt, dass man seinem Gesprächspartner ganz offensichtlich nicht wirklich *zugehört* hat.

In der modernen Welt von heute würden viele Menschen schon wenige Momente der Stille während eines Gesprächs als betreten, unangenehm oder sogar peinlich empfinden. Manchmal reden wir nicht deshalb, weil wir wichtige, authentische oder tiefempfundene Dinge zu sagen haben oder weil wir reden *wollen*, sondern weil wir glauben, reden zu *müssen*. Wir fühlen uns unwohl und es macht uns nervös, *nicht zu reden*. Wir reden, um der Leere aus dem Weg zu gehen, um die Stille zum Schweigen zu bringen, um von der bemerkenswerten Abwesenheit im Zentrum des Lebens abzulenken. Wir reden, um vor uns selbst und voreinander davonzulaufen.

Nimm das Tempo heraus, mein Freund. Komme aus deinem Kopf in dein Herz. Nimm dir einen Moment lang Zeit, um deine Gefühle in einem Gespräch wahrzunehmen. Wenn es nicht anders geht, lasse zu, dass du dich in der Stille unwohl und peinlich berührt fühlst, verwundbar und ein wenig unsicher. Es ist *nur ein Gefühl*, es verletzt dich nicht, du kannst es ertragen und die Stille trägt es ohnehin.

Gehe das Risiko ein, dass dein Gesprächspartner dein Unbehagen spürt, dich für langweilig oder für seltsam hält oder glaubt, dass du nichts zu sagen hast. Zumindest bist du authentisch! Zumindest versteckst du dich nicht hinter einer Mauer aus Worten. Zumindest versuchst du, dich auf einer tieferen Ebene zu verbinden. Zumindest hast du den Mut, dich unwohl zu fühlen, ohne dich von diesem Gefühl abzulenken, *ohne dich in dem Moment aufzugeben, in dem du dich ganz besonders brauchst.*

Bringe heute ein wenig Raum in deine Gespräche hinein. Höre zu. Warte. Höre weiter zu. Lasse dich auf das Gefühl des Unwohlseins ein. Antworte aus dem Herzen, nicht aus dem Verstand und seinen Ängsten heraus. Lasse deine Gespräche atmen. Wisse, dass dein Gesprächspartner sich tief innen vermutlich ebenso unwohl und unvorbereitet fühlt wie du selbst.

Unsere tiefsten Bindungen werden immer in der Stille aufgebaut. Denke an eine Mutter, die ihr Kind in den Schlaf wiegt, zwei alte Freunde oder Liebende, die Zeit in einem Café verbringen, einen stillen Spaziergang in der Natur, nur du und der Wald in der Morgendämmerung. Es bedarf keiner Worte, damit wir einander fühlen, einander kennen, das Leben und einander auf einer sehr tiefen Ebene verstehen.

Vielleicht versuchen wir, mit unseren klugen Worten nur unseren eigenen Weg zurück in diese überwältigende Stille zu finden, in die Stille, aus der wir hervorgegangen sind, die Stille, in die wir alle zurückkehren.

11

Der beste Rat zur Selbsthilfe

Der beste Rat zur Selbsthilfe lautet, dass *es kein Selbst gibt, dem du helfen könntest.*

Wenn du versuchst, dem „Selbst“ zu „helfen“, verstärkst du eine Illusion: dass es ein gebrochenes Selbst gibt, ein unvollständiges Selbst, das „weniger als“ ein zukünftiges Selbst ist.

Und du verstärkst die Identifikation mit einem vom Verstand geschaffenen Wesen namens „Ich“. Mit einem Bild. Einem Trugbild.

Du vergisst, dass die PRÄSENZ selbst deine Wesensnatur ist.

Wenn du den Versuch aufgibst, einem Selbst helfen zu wollen, sinkst du in eine bedingungslose Umarmung hinein: in die Umarmung, die das LEBEN selbst ist. In der alle deine Unvollkommenheiten, deine Zweifel, Sorgen, Freuden und Ängste, deine Sehnsüchte und deine Ekstasen, ja sogar deine Vorstellung von einem „Selbst“ und deine gescheiterten Versuche, es „in Ordnung zu bringen“ oder ihm zu einer zukünftigen Vollkommenheit zu „verhelfen“, *schon jetzt* ohne Einschränkung akzeptiert sind.

Es gibt kein Selbst, das es zu retten gilt. Kein Selbst, das es „in Ordnung zu bringen“ gilt. Kein Selbst, das es zu erleuchten gilt. Kein

Selbst, das du verlieren könntest. Kein Selbst, das es zu überschreiten gilt. Nur den zutiefst köstlichen Moment. Grenzenlose göttliche Vollkommenheit, die durch diese menschliche Unvollkommenheit hindurchschimmert. Hindurchleuchtet durch die Selbsthilfe, ihren Erfolg und auch ihr Scheitern, ihre Sehnsucht und ihre Enttäuschung, ihre Erschöpfung und ihre Hingabe.

Hilf dir also selbst, mein Freund, indem du die anstrengende Suche nach einem besseren Selbst aufgibst … und dich ganz einfach in dieses einzigartige JETZT hinein entspannst.

12
Über die Schönheit

Schönheit liegt nicht in dem begründet, *was* du siehst. Sie liegt darin begründet, *wie* du etwas siehst.

Es existiert ein weites Feld liebevoller Möglichkeiten, in dem deine Präsenz der Präsenz des „anderen“ begegnet.

Doch gibt es nicht zwei Präsenzen, sondern nur eine, so wie Feuer niemals wirklich trennt.

Schönheit lässt sich nicht zurückhalten, weißt du, sondern strömt wie ein unaufhaltsamer Fluss durch jeden Riss und durch jeden Spalt der Wirklichkeit heraus.

Hier gibt es keinen „anderen“ … du begegnest nur dir selbst.

Schaue also durch die Augen der Schönheit, durch die unschuldigen Augen des Gewahrseins, und plötzlich ist die Welt, die dich umgibt, schön. Dein Sehen verändert alles. Und lässt alles auf eine vollkommene Weise unverändert.

13

SOGAR DANN, WENN WIR UNS SELBST NICHT HALTEN KÖNNEN

In einem Gespräch, das ich einmal mit einem jungen Mann geführt habe, ging es darum, seine Vorstellungen von der Zukunft loszulassen, seine Bilder davon, wie sein Leben sein „sollte", und sich so anzunehmen, wie er in Wirklichkeit war, seinen Schmerz zu *fühlen*, statt vor ihm davonzulaufen, in der Gegenwart statt in falscher Hoffnung zu leben.

Er sagte: „Also, Jeff, wenn es nur diesen Moment gibt, nur *jetzt*, und wenn das alles ist, was existiert … dann bringe ich mich um."

Für einen Moment hatte er alle Hoffnung verloren. Selbstmord schien die logische Lösung zu sein.

Ich blieb präsent. Hörte ihm zu. Erkannte seinen Schmerz an. Betrat seine Welt.

Die Entdeckung der Gegenwart kann ein Schock für das System sein, kann die gesamte Psyche auf den Kopf stellen und neu ordnen, kann tief verschüttete Gefühle, Ängste, Bedürfnisse, Sehnsüchte freisetzen. Ich verstehe das. Ich habe es selbst durchgemacht.

„Ja, es ist sehr *beängstigend*, alle Hoffnung zu verlieren."

„Ich habe entsetzliche Angst."

„Wo sitzt diese Angst? Kannst du sie beschreiben? Kannst du sie jetzt in deinem Körper spüren?"

„Ja. Sie brennt … glühend heiß … hier … in meinem Brustkorb."

„Wärest du bereit, für einen Moment genau dort zu bleiben, diese Kraft in deinem Brustkorb zu spüren?"

Schweigen.

„Es fühlt sich heiß an … und ich fühle mich wie … am liebsten würde ich jemanden *umbringen*. Weißt du, ich bin so *wütend* auf dich. Du hast mir alles genommen, alle Hoffnung …"

Ich blieb präsent.

„Ja, ich verstehe. Wo *spürst* du diese Wut?"

„Hier, im Bauch, in der Kehle, im Brustkorb …"

„Wie fühlt sie sich an?"

„Sie fühlt sich an wie … Kraft. Wie ein Vulkan. Als … könnte ich das ganze Universum zerstören."

„Ja! Ja! Sie ist ungeheuer groß. Du spürst deine eigene Kraft. Du musst sie nicht länger verleugnen oder ausleben. Fühle sie einfach, jetzt, hier, für einen Moment. Lassen wir sie brennen, würdigen wir sie gemeinsam."

„Sie ist gewaltig."

„Sie gehört dir. Lasse sie einfach zu. Lasse die Empfindungen in deinem Bauch, in deinem Herzen, in deiner Kehle zu. Atme in sie hinein, atme durch sie hindurch …"

„Ich möchte am liebsten schreien."

„Dann tue es!"

„Ich … ich … ich hasse das Leben!"

„Lauter!"

„ICH HASSE DAS LEBEN! ICH HASSE ALLE MENSCHEN! ICH HASSE MEINE ELTERN!"

„Ja! Was hasst du sonst noch?"

„ICH HASSE *DICH*, JEFF!"

Unsere Augen begegnen sich. Ein Erkennen. Liebe. Präsenz. *Vollkommene Akzeptanz.*

Er bricht in Tränen aus, sackt auf seinem Stuhl zusammen, sein Körper entspannt sich, er atmet wieder tief durch.

Zum ersten Mal, so glaube ich, war jemand seiner Trauer und seiner Wut mit Liebe, Verständnis und Akzeptanz begegnet. Etwas war gelöst worden, eine Spannung, ein Trauma, etwas, das gefesselt, etwas, das alt war. Etwas scheinbar Liebensunwertes war zum ersten Mal geliebt worden. Eine neue Nervenbahn war geschaffen worden. Etwas Unbewusstes war ins Bewusstsein – in diesen offenen meditativen Raum – gelangt und ihm waren gütige Aufmerksamkeit und Segen zuteilgeworden. *Der Suchende hatte empfangen, wonach er schon immer gesucht hatte.*

„Mein Gott. Mein Gott. Zum ersten Mal im Leben, Jeff, ehrlich, zum ersten Mal fühle ich mich … *lebendig*. Ich fühle mich wie … *ich selbst*."

Es ist erstaunlich, welche Kraft darin liegt, *einfach präsent zu bleiben*. Auf das zu hören, was an den Tag kommt. Weniger zu tun und mehr zu vertrauen. Dem anderen zu erlauben, *das zu durchleben, was er durchleben muss*, ohne ihn „in Ordnung bringen" oder retten zu wollen. Ihm die Sicherheit zu geben, dass er ganz und gar er selbst sein kann, ganz und gar chaotisch, ganz und gar lebendig, dass er das in Worte fassen kann, was gesagt werden muss, sich so schlecht oder so gut fühlen kann, wie es notwendig ist.

Durch den Hass hin zur Liebe. Durch die Trauer hin zur Freude. Die falsche Hoffnung zu nehmen und ihm vielleicht den Silberstreif einer neuen Hoffnung zu schenken. Vertrauen in seinen individuellen Prozess zu haben. Vertrauen in seine Fähigkeit zu haben, machtvollen Gedanken und Gefühlen zu widerstehen. Vertrauen in dieses weite Feld der Meditation zu haben, in das wohlwollende Feld, das uns alle hält, immer und sogar dann, wenn wir uns selbst nicht halten können.

14

Die Gnade der Enttäuschung

Wenn du vor einer Enttäuschung davonläufst, läufst du vor dem Leben selbst davon.

Enttäuschung kann den Geist weich machen und das Herz öffnen. Wenn du sie lässt.

Fürchte dich nicht.

Wenn unsere Hoffnungen, Träume und Erwartungen sich zerschlagen, kann das äußerst schmerzhaft sein. Wenn das Leben sich nicht so entwickelt, wie wir es uns erhofft hatten, kann die Enttäuschung wie ein heißer Knoten in unserem Bauch brennen. Die Einladung? *Wende dich diesem brennenden Ort zu.* Spüre den Schmerz wirklich, anstatt ihn zu betäuben oder irgendeinem neuen Traum entgegenzulaufen. Letzten Endes tut es mehr weh, wenn du davonläufst, denn der schlimmste Schmerz, den es gibt, ist der Schmerz der Selbstaufgabe.

Durchbrich die Sucht nach „der nächsten Erfahrung". Wende dich dem, was du als „Enttäuschung" bezeichnest, mit neugieriger Aufmerksamkeit zu. Komme in Kontakt mit dem Flattern im Bauch, mit dem engen Gefühl im Herzraum, mit dem Kloß in der Kehle, mit der Watte im Kopf. Bleibe bei dem präsent, was jetzt lebendig ist. Sei bei dem, was nach Aufmerksamkeit schreit. Lehne das Jetzt nicht ab.

Wende dich diesem brennenden Augenblick zu. Das ist wahre Meditation. Atme in die unwohle Stelle hinein. Gib dich nicht um einer neuen, imaginären Zukunft willen jetzt auf. Verlasse dich nicht um der Gedankenwelt willen. Finde deine Heimat in dem, *was ist.*

Lasse den Verstand heute vor sich hin plappern, aber halte ihn nicht für die Wirklichkeit. Die Enttäuschung bringt dich dir selbst näher. Deinem Atem. Dem Gewicht deines Körpers auf der Erde. Den Geräuschen des Nachmittags. Dem Lied des Abends. Dem Gefühl des Lebendigseins. Einer tiefen Hingabe an die Unvollkommenheit der menschlichen Erfahrung.

Du hast dich in deinem Verstand verloren, mein Freund. Kehre nun in dein Herz zurück. Lasse dich auf den Moment ein. Weine die alten Träume heraus. Kehre nach Hause zurück.

Dieser Moment ist, wie er ist. Dieser Moment, wie er ist.

Lasse zu, dass alle Erwartungen sich auflösen. In die Stille hinein. In einen Neubeginn hinein.

Enttäuschung ist die Pforte.

15
Ich atme mit dir

Suche nicht nach der Liebe. Warte nicht auf sie. Erwarte nicht, dass sie sich auf Verlangen einstellt. Du wirst dich immer unvollständig fühlen und die Angst vor dem „Verlust der Liebe“ wird unter der Oberfläche deines Alltags ständig weiter schwelen.

Liebe ist kein Abonnementdienst. Liebe ist kein Lohn für gutes Benehmen. Liebe ist nichts, was du „verdienst“ oder nicht. Sie ist dein Geburtsrecht. Finde sie also in deinem eigenen Herzen.

Wenn du merkst, dass die Aufmerksamkeit sich nach außen wendet, wenn du merkst, dass der Verstand sucht, nach etwas trachtet, manipuliert, verstehen will, klammert, festhält … *halte inne.* Bitte die Aufmerksamkeit zu dir. Danke dem Verstand für seine harte Arbeit und richte die Aufmerksamkeit auf das Gefühl deiner Füße auf dem Boden, auf das Gefühl deines Körpergewichts, das von der Erde angezogen wird. Auf den Atem, so verlässlich, so uralt, aufsteigend und absteigend, aufsteigend und absteigend, wie eine Welle in der ungeheuren Weite deines Seins.

Lade die Aufmerksamkeit ein, durch die Kehle und den Brustkorb bis in die Magengrube hinabzuströmen. Lasse zu, dass sie die elementaren, kribbelnden, flatternden, zitternden, dynamisch lebendigen Empfindungen in diesem Bereich durchdringt. Lasse zu, dass die Aufmerksamkeit deine Sorge, deine Einsamkeit, das Gefühl der Verlassenheit durchtränkt, vor dem du fortgelaufen bist, während du so getan hast, als ob es in Wirklichkeit gar nicht vorhanden sei. Biete diesen uralten Dingen einen Augenblick lang einen Zufluchtsort, diesen wunderbaren Teilen eines großen Puzzles, das du vor so langer Zeit begonnen hast, noch vor dem Urknall, vor der Zeit selbst. Lasse zu, dass die aktuelle Szene im Film deines Lebens durch Aufmerksamkeit geheiligt wird, durch das gütige Gewahrsein, das Liebe genannt wird. Das ist Beten.

Ich bin hier. Ich bin hier. Und es ist in Ordnung. Auch wenn es sich nicht so anfühlt. Es ist in Ordnung. Meine Traurigkeit ist intelligent. Meine Angst ist uralt und heilig und würdig. Meine Sehnsucht brennt vor Leben. Sogar meine Zweifel sind mir verwandt. Es gibt nichts, was nicht in Ordnung ist. Alles wird liebevoll gehalten.

Das Leben ist so kurz, aber die Liebe ist unendlich und allgegenwärtig und freigiebig und näher als der nächste Atemzug. Suche also nicht nach der Liebe. Warte nicht auf sie. Erwarte nicht, dass sie sich auf Verlangen einstellt. Aber wisse um sie. Wisse um ihre Präsenz, um ihre innige Nähe. Nimm wahr, wie sie in dein Ohr flüstert …

Ich atme mit dir, mein Geliebter. Mit jedem Einatem, jedem Ausatem und auch in den Räumen dazwischen. Wenn dich das Chaos und die Unsicherheit des Lebens in die Knie gezwungen haben, knie ich mit dir. Wenn du begeistert bist, hochgehalten von dieser wankelmütigen Welt, frohlocke ich mit dir. Wenn du glaubst, verloren zu sein, und nicht weitergehen kannst, habe ich dich bereits gefunden. Hier. Hier, immer hier. Ich bin dir so nahe. Ich lache mit dir, weine mit dir, blute mit dir. Dein Blut ist mein Blut. Deine Stimme ist meine Stimme, dein Schweigen ist mein Schweigen, und ich würde bis zum Ende der Welt gehen, um dich zu finden, für dich zu kämpfen, dich nach Hause zu bringen.

Du kannst der Liebe nicht entkommen. Das ist der Grund, warum du sie nicht festhalten kannst.

Und wenn ich also eine Bitte hätte, so wäre sie bereits erhört. Die Bitte und die Lösung sind EINS. Die Gabe wurde vor langer Zeit gegeben.

16

Der Zauber deiner Taubheit

Viele Menschen berichten mir, dass sie sich taub, abgeschnitten, festgefahren, blockiert, erstarrt, dissoziiert fühlen. So, als wären sie außerstande, überhaupt etwas zu fühlen.

Sie haben zahllose Therapeuten aufgesucht, haben es mit zahllosen Pillen probiert, wurden wie ein Gegenstand behandelt und sind zu der Überzeugung gelangt, dass mit ihnen etwas nicht in Ordnung ist, das auch nicht in Ordnung gebracht werden kann. Sie sind zutiefst erschöpft von ihrem Kampf und sehnen sich danach, von ihrer Taubheit befreit zu werden.

Ich erinnere sie daran: Es ist ein Wunder, dass sie ihre Taubheit überhaupt spüren können. Es ist erstaunlich, wie stark sie mit ihr in Berührung sind, wie feinfühlig sie ihre innere Abgeschnittenheit wahrnehmen. Welch ein Segen. Die meisten Menschen sind so sehr abgelenkt, so sehr mit der Vergangenheit und der Zukunft beschäftigt, so sehr von ihrem Körper abgeschnitten, dass sie sich ihrer Taubheit gar nicht *bewusst* sind.

Dir deiner Abgeschnittenheit, deiner Dissoziation, deiner Entfremdung von Gefühlen *bewusst* zu sein, ist ein enorm großer Schritt auf dem pfadlosen Pfad der Heilung. Paradoxerweise musst du äußerst empfindsam, wach und lebendig sein, um deine Taubheit überhaupt zu *bemerken*.

Bei näherer Betrachtung ist deine „Taubheit" eine Geschichte, ein Narrativ, eine gedankliche Interpretation, ein Bild im Verstand und nicht die Wirklichkeit. Richte die Aufmerksamkeit auf deinen Körper. Wo im Körper sitzt die Taubheit jetzt (und es gibt nur jetzt)? Gibt es Bereiche, in denen sie stärker ausgeprägt ist als in anderen Bereichen? Mache dir bewusst, dass es Bereiche geben muss, die sich lebendiger anfühlen, damit andere Bereiche sich im Unterschied dazu taub anfühlen können. Richte deine warme, liebevolle, neugierige Aufmerksamkeit nun auf einen „tauben" Ort. Lasse den Begriff „taub" (ein sehr überfrachtetes, wertendes Etikett) los und nimm die elementaren körperlichen Empfindungen – oder ihr Nichtvorhandensein – an diesem Ort wahr, Moment für Moment, ohne dich „weniger taub" fühlen zu wollen. Würdige diesen Ort mit deiner Neugierde und deinem Atem und deiner liebenden Aufmerksamkeit. Sei geduldig. Nimm dir Zeit. Segne alles, was du findest, und alles, was du nicht findest.

Vielleicht ist ein „tauber" Ort einfach ein Ort, der sich nach deiner Liebe, deiner Neugierde, deiner nicht wertenden Präsenz sehnt. Vielleicht ist es ein Ort im Körper, dem es an Aufmerksamkeit und Sauerstoff mangelt. Kannst du, statt ihn „in Ordnung bringen" zu wollen, ihn „zum Leben erwecken" zu wollen, entschleunigen und ihn mit deinem Gewahrsein durchdringen? Sodass du *für deine Taubheit nicht länger taub*, von deiner Abgeschnittenheit nicht länger abgeschnitten, von deiner Dissoziation nicht länger dissoziiert bist. Dies ist ein gewaltig großer Schritt.

In der wärmenden Liebe der Sonne kann selbst der eisigste Ort auftauen. Der Weg aus der Taubheit heraus führt durch sie hindurch.

Und denke daran: Wenn du mit deiner Taubheit verbunden bist, wenn du dir der inneren Leere bewusst bist, wenn es dir gelingt, dich auf sie einzulassen, ihr Raum zu geben, ihr Aufmerksamkeit, Atem, Mitgefühl und deine kostbare Zeit zu schenken, *dann bist du mitnichten taub.*

17

Warum du noch nicht geheilt bist

Fragst du dich, warum du auch nach so vielen Jahren nicht geheilt, erwacht, transformiert bist? Warum dein Schmerz, deine Verwirrung, dein Zweifel, deine Sorgen, deine tiefe Sehnsucht nach Zuhause *immer noch da* sind? Warum dein Schmerz *bis jetzt* nicht verschwunden ist?

„Ich sollte die Antworten bis jetzt doch gefunden haben. Mein Kummer sollte bis jetzt doch verschwunden sein. Ich sollte bis jetzt doch wirklich frei sein von Scham und Angst. Ich sollte mich bis jetzt doch wirklich friedvoller, klarer, entspannter, erwachter fühlen. Die Freude sollte bis jetzt doch wirklich von Dauer sein, mein natürlicher Geisteszustand. Mein Leiden und meine Zweifel sollte ich bis jetzt doch wirklich hinter mir gelassen haben. Ich sollte bis jetzt doch wirklich geheilt sein. Was stimmt mit mir nicht?"

Mein Freund, *bis jetzt* ist die größte Lüge, die es gibt! Es gibt kein *bis jetzt*. Es kann kein *bis jetzt* geben.

Denke darüber nach. Es gibt nur das JETZT. Nur diesen Moment. Kein *bis*.

Können wir, statt uns an Vorstellungen zu klammern, wie wir *bis jetzt* sein sollten, uns vor dem verbeugen, was tatsächlich jetzt ist, unsere gegenwärtige Erfahrung würdigen, ihre Heiligkeit und ihre Intelligenz erkennen, anerkennen, *wie wir heute sind*, auch wenn wir traurig sind, auch wenn wir zweifeln, wütend sind, ängstlich sind, uns einsam fühlen? Dann können wir möglicherweise einen vollkommenen Paradigmenwechsel erfahren …

Von:

„Schmerz, Traurigkeit, Wut, Angst, warum seid ihr immer noch hier? Ihr solltet bis jetzt doch wirklich fort sein!"

Hin zu:

„Oh! Du bist hier! Ja! Welch eine Ehre, dir hier zu begegnen! Auch du bist das Leben, bist eine heilige Welle des Bewusstseins! Es gibt keine vom Verstand erfundene Geschichte, der zufolge du nicht hier sein solltest! Keine Forderung, der zufolge du „bis jetzt" verschwunden sein solltest! Du bist nicht „noch" hier, denn es gibt keine Zeit. Du bist hier, jetzt, nur in diesem Moment! Du bist hier, in der Stille. Ich bin hier, in der Stille. Wir sind gemeinsam hier, in der Stille. Und in der Stille, in diesem unendlich großen Feld der PRÄSENZ*, können wir einander wirklich begegnen …"*

Gedanken oder Gefühle entstehen nicht, damit sie geheilt werden, mein Freund. Sie entstehen, um in den liebenden Armen gegenwärtigen Gewahrseins sanft gehalten zu werden.

Die schlechte Nachricht lautet, dass du niemals *dort* ankommen wirst. Und das ist zugleich die beste Nachricht von allen. Denn du bist *hier*, immer. Du bist immer bereits hier. Du wirst immer hier sein, denn hier *ist* dort. Hier ist deine Heimat und dein Zufluchtsort. Das ist wahre Heilung: die Hingabe an und in die PRÄSENZ hinein, das Gefühl, von etwas gehalten zu werden, das unendlich viel größer ist als du selbst. Es braucht keine Zeit.

Das große Paradoxon der Heilung lautet:

Du bist immer im Prozess der Heilung begriffen (in der Zeit).

Und:

Du bist bereits geheilt (in der Zeitlosigkeit des Jetzt).

18

Wenn ein Freund sterben will

Wenn ein Freund das Gefühl hat, mit diesem Leben „abgeschlossen" zu haben, wenn seine Welt keinen Sinn mehr ergibt, kann die beste Medizin im Zuhören bestehen.

Weine mit ihm. Frage mit ihm. Schweige mit ihm. Sei ebenso sicher oder unsicher wie er. Nimm ihn so wahr, wie er heute ist. Schaue ihm in die Augen. Sage ihm, dass du ihn liebst und dass du möchtest, dass er bleibt. Erkenne seine Gefühle an, wie schmerzhaft sie auch sein mögen. Gib ihm das Gefühl, in dieser Welt anerkannt zu werden. Sättige seine Erfahrung durch Zuhören.

Er durchlebt eine Identitätskrise. Dies ist nicht das Ende, dies ist nicht die Schlussszene, nur eine Bitte um Unterstützung, ein Herz, das ein anderes Herz anruft. Biete jetzt keine klugen Antworten an. Biete dich an. Belehre nicht und predige nicht und halte keine Moralvorträge. Urteile nicht über ihn und gib ihm nicht das Gefühl, dass aufgrund der Gedanken, die er denkt, und der Wünsche, die er hat, mit ihm etwas nicht in Ordnung ist. Umarme ihn. Damit er nicht das Gefühl hat, allein zu sein. Damit er mit seinem Mut in Berührung kommen kann. Mit seiner Fähigkeit, schmerzhaften Gefühlen standzuhalten und weiter zu bestehen. So wie der Himmel den schwersten Stürmen standhält und weiter besteht.

Wenn ein Freund das Gefühl hat, mit diesem Leben „abgeschlossen" zu haben, wenn seine Welt keinen Sinn mehr ergibt, liebe ihn erst recht und umso mehr! Verbeuge dich vor seiner Ehrlichkeit, vor seinem Mut, die Wahrheit zu sagen, und würdige seine ungeheuer große innere Intelligenz, die endlich mit all der Vortäuschung und all den Lügen „abgeschlossen" hat. Unerschütterliche Geduld ist hier gefordert: Der alte Freund ist zu klein geworden und ein neuer Freund wird geboren. Der Prozess der Häutung ist angsteinflößend und äußerst schmerzhaft, aber letzten Endes ist es weitaus schmerzhafter, in der alten Haut zu leben.

Der Boden ist nun heilig, weil du bei deinem Freund präsent bist, während er mit seinen heiligen Tiefen in Berührung kommt und zu den Göttern schreit: „Ich habe mit diesem Leben abgeschlossen!"

Hoffnungslosigkeit ist ein Schmelztiegel und die PRÄSENZ birgt immer neue Hoffnung in sich.

19

Wir haben alle wunde Punkte

Es sagt sich leicht: „Ich liebe dich.“ Es ist leicht, über Liebe und Bewusstheit und Präsenz und die tiefe Akzeptanz dessen zu sprechen, was ist. Es ist leicht, Dinge zu lehren oder zu sagen, die wahr, gut und spirituell klingen.

Doch es sind nur Worte. Und es gibt eine Welt vor den Worten.

Wenn die Wut aufwallt, wie sie es unweigerlich tun wird, kannst du dann bei ihr präsent bleiben und sie nicht betäuben oder um dich schlagen? Wenn die Angst sich in deinem Körper breitmacht, kannst du dann in sie hineinatmen und nicht mit ihr verschmelzen oder dich in eine Geschichte flüchten, sondern in ihr ausharren? Wenn du dich verletzt, zurückgewiesen, ungeliebt, im Stich gelassen fühlst, kannst du diesem Gefühl dann Raum geben, es im Körper willkommen heißen, dich vor seiner Intensität, seinem Feuer, seiner Gegenwart verbeugen und nicht angreifen, ausagieren oder andere Menschen beschimpfen? Kannst du dich verpflichten, dich nicht genau in dem Moment im Stich zu lassen, in dem du deine Liebe am nötigsten brauchst?

Es ist leicht, über die Liebe zu reden. Es ist leicht, zu lehren und zu predigen. Bis unsere alten Verletzungen aufbrechen. Bis das Leben anders verläuft, als wir es uns vorgestellt hatten. Die Reizauslöser in deinem Leben laden dich zu einer tieferen Selbstliebe ein. Kannst du es erkennen?

Es liegt keine Schande darin: *Wir haben alle wunde Punkte.*

20
Beziehungs-Yoga

Die gesündeste Beziehung ist die ehrliche Beziehung, die auf PRÄSENZ und nicht auf Fantasien, falschen Versprechen oder unbewusster Hoffnung gegründet ist. In der zwei Seelen ihr authentisches, unmittelbares, gestaltgewordenes Selbst mit dem jeweils anderen teilen, ihre tiefsten Wahrheiten offenbaren können – unverfälscht, chaotisch, unbewältigt, unfertig und mit rauen Ecken und Kanten – und in der sie fortwährend ihre vorgefassten, konditionierten Vorstellungen darüber loslassen können, wie sie sein „sollten". Die Beziehung wird unablässig im Schmelztiegel inniger Nähe erneuert. Ja, natürlich kann es dabei zu Rissen, Missverständnissen, Zweifel, Wut, Angst, Sorge und dem Gefühl kommen, den Boden unter den Füßen verloren zu haben, aber es gibt auch die beiderseitige Bereitschaft, sich diesem Chaos zu stellen, wenn es eintritt. Verletzlich zu sein. Zu sagen, dass wir uns verletzt fühlen, dass wir Schmerz empfinden, ohne dem anderen die Schuld daran zu geben. Zu sagen, dass wir Unterstützung brauchen, ohne sie von dem anderen zu fordern. Wünsche und Hoffnungen und Träume und Sehnsüchte miteinander zu teilen, ohne zu verlangen, dass der andere die Dinge genauso sieht wie wir. Sein „Nein" wie auch sein „Ja" anzunehmen, selbst wenn es schmerzhaft ist. Im Schmelztiegel der Transformation zu verweilen. Mit weit offenen Augen gemeinsam das momentane Chaos anzuschauen, uns nicht abzuwenden oder uns daran zu klammern, „wie es einmal war", oder uns nach den Vorstellungen anderer Menschen davon zu richten, wie etwas sein „sollte". Übernommene Glückskonzepte verglühen zu lassen. Manchmal zusammen im

Schutt zerschlagener Träume und Erwartungen, Pläne und Hoffnungen zu sitzen und darauf hinzuarbeiten, einen Ort der Neuverbindung und des Wiederaufbaus zu finden. Das ist die mutige und oft intensive Arbeit, die wir in einer Beziehung leisten müssen.

Eine Verbindung einzugehen, selbst wenn der erste Schritt darin besteht, dass wir uns gegenwärtige Gefühle der Abgeschnittenheit eingestehen. Dies ist eine lebendige Beziehung. Eine Beziehung, die Raum schafft für unsere tiefsten Sehnsüchte, Ängste und Schmerzen, die aber nicht von dem anderen erwartet, dass er sie für uns klärt, uns „in Ordnung bringt" oder uns von unserem Schmerz befreit. Eine Beziehung, die den anderen bittet, Zeuge und zugleich Hebamme unserer eigenen Heilung zu sein. Und die uns im Gegenzug das gleiche Geschenk anbietet.

Einander zu inspirieren, unser eigenes Glück zu finden. Auch dann, wenn es bedeutet, die Beziehung in ihrer jetzigen Form loszulassen oder zu beenden. Die Liebe hält den anderen mit leichter Hand. Sie klammert nicht und versucht nicht zu beherrschen. Sie will nur das Beste für den anderen, will nur, dass er in seine eigene Kraft gelangt, sein vollstes Leben lebt, seine tiefste Freude findet, seinem ureigenen Weg folgt, lernt, seinen Körper und seine eigenen tiefsten Gefühle und Wünsche zu lieben, und neue Wege findet, für sich selbst Sorge zu tragen.

„Ich liebe dich und ich will, dass es dir gutgeht."

Eine Beziehung kann die höchste Form von Yoga sein, ein sich fortwährend vertiefendes Abenteuer, in dem wir uns selbst und einander wiederentdecken, in dem wir uns selbst im Spiegel des anderen wiederentdecken, ein ständiges Loslassen und Begegnen, ein Tanz des Alleinseins und des Zusammenseins, bei dem wir uns nicht in einem der beiden Extreme verlieren, sondern in der Mitte spielen und ausruhen. Einander manchmal näher kommen und uns manchmal voneinander entfernen. Nähe und Raum. Innige Nähe zum anderen und innige Nähe zu uns selbst. Einatmen und ausatmen. Morgen und Abend. Geburt und Tod.

Eine Beziehung ist kein Ort, an dem wir ankommen, kein Zielpunkt, kein Bestimmungsort. Sie ist vielmehr lebendig und immer ein Ausgangspunkt, ein Beginn, Tag für Tag. Wir können nur gemeinsam beginnen, hier, und der Beginn birgt Freude in sich. Das Nichtwissen birgt Erregung in sich. Der unablässige Tod unserer Erwartungen birgt Leben in sich. Einer gesunden Angst vor Verlust nahe zu bleiben. Der Bodenlosigkeit aller Dinge nahe zu bleiben, ohne uns in dieser Bodenlosigkeit zu verlieren. Sicherheit in der Unsicherheit zu finden. Einatmen, ausatmen.

Beziehungen sind, wie Eckhart Tolle sagt, nicht dazu da, uns glücklich zu machen – wahres und dauerhaftes Glück liegt als die unerschütterliche PRÄSENZ in uns verborgen, die uns letztlich niemand geben oder nehmen kann. Wir sind in jedem Fall in Sicherheit. Andere Menschen vervollständigen uns nicht. Weder retten sie uns, noch befreien sie uns von unserer tiefsten inneren Zerrissenheit. Sie machen uns aber das Geschenk, dass sie unsere Wunden offenlegen, unsere inneren Kinder, diese verlorenen Anteile ans Licht befördern, die nach Mitgefühl schreien, diese zauberhaften Waisen des Lichts.

Und dann – ein Risiko! Unser nacktes Herz, unsere Verletzlichkeit, unsere Einsamkeit, unsere Empfindsamkeit, unser Nichtwissen, unsere Freude, unsere „beschämenden“ Geheimnisse einem anderen Menschen auf diesem kleinen blauen Planeten in der Weite des Alls zu offenbaren. Die Maske fallen zu lassen und das ungeschützte, unbewachte Herz zu entblößen. Das Risiko einzugehen, zurückgewiesen, alleingelassen, beschämt und verspottet zu werden. Vielleicht eine Wiederholung des Alten zu riskieren.

Ein jedoch vielleicht noch größeres „Risiko": als der geliebt zu werden, der wir sind! Im blendenden Licht der faszinierten Aufmerksamkeit eines anderen Menschen gehalten zu werden wie ein Säugling, der mit großer Zärtlichkeit von einem liebevollen und aufmerksamen Elternteil gehalten wird. Eine Begegnung im gegenwärtigen Moment, uns nirgends verstecken zu können, nirgendwohin laufen zu können. Das Neue hereinzulassen. Das Risiko einzugehen, dass wir das Bild, das falsche Selbst, die sorgfältig aufgebaute Persona verlieren, und einem anderen Menschen zu gestatten, unsere Weichheit zu umarmen. Darin liegt die höchste Möglichkeit einer Beziehung. *Das so überaus empfindsame Herz eines anderen Menschen zu sehen und zuzulassen, dass unser eigenes empfindsames Herz gesehen wird.* Das Sehen kann Transformation und große Schönheit in sich bergen. Wir können ein Gefäß der Heilung für unsere Mitmenschen sein. Wir können einander Medizin, Ermutigung und wunderbare Kameradschaft bringen auf diesem manchmal einsamen Weg, den wir gehen, um lebendig zu werden, ehe wir sterben.

Und vielleicht braucht es ein ganzes Leben, um zu entdecken, dass du DEN EINEN, nach dem du dich immer gesehnt hast, in Wirklichkeit von Beginn an in dir getragen hast. Und DEN EINEN im Spiegelbild eines anderen – eines Partners, eines Freundes, eines Liebenden, eines Therapeuten, eines Tieres, eines Baums, eines Berges, des Mondes oder der UNENDLICHKEIT des KOSMOS – zu erblicken, und wenn auch nur für einen Moment …

… lässt dich den Himmel auf Erden erkennen.

21

Wenn wir Gefühle fortstossen

Wenn in der Meditation ein Gefühl – Trauer, Angst, eine unerwartete Wut oder Melancholie – in dir aufwallt, kannst du dann bei diesem Gefühl präsent bleiben, in es hineinatmen, den Versuch loslassen, es „loszulassen", und es einfach sein lassen, leben lassen, ihm erlauben, in dir zum Ausdruck zu kommen? Kannst du deinen inneren Impuls wahrnehmen, ihm Widerstand zu leisten, es abzulehnen, dich von ihm abzulenken und von deiner Erfahrung abzurücken? Verurteile und beschäme dich nicht dafür, dass du diesen Impuls hast, dieses Verlangen, eine andere Erfahrung zu machen als die, die du gerade machst – dieser Drang, uns abzuschneiden, dieser Impuls zur Flucht, diese Sucht nach einem „anderen" Ort sind eine uralte Angewohnheit.

Doch schaue heute, ob du nahe bei dem bleiben kannst, „was ist", schaue, ob du dich tatsächlich mit dem Gefühl verbinden kannst, das in dir aufkommt, dich behutsam auf deine Erfahrung einlassen kannst, während du sie machst. Kannst du dich ihr behutsam öffnen, statt dich zu verschließen, abzurücken, die Energie im Körper zu verleugnen? Kannst du sie mit neugieriger Aufmerksamkeit durchströmen? Zulassen, dass sie sich in dir bewegt? Ihr ganzes Leben hindurch präsent bleiben, während sie geboren wird, zum Ausdruck bringt, was sie zum Ausdruck bringen muss, und schließlich wieder in die PRÄSENZ, in ihr unendlich großes Zuhause zurückfällt?

Alle Gefühle suchen nur ein Zuhause in dir. Unverarbeitete, festgefahrene Gefühle, Energien, gegen die du dich gewehrt, die du fortgestoßen, verleugnet, verbannt hast, verschwinden in Wirklichkeit nicht. Sie leben in der Dunkelheit des Unbewussten weiter, heimatlos und hungrig nach Liebe, ziehen die Fäden in unseren Beziehungen, in unserem Körper, in unserer Arbeit in der Welt, stehen unserer Freude im Weg. In den tiefsten Tiefen der Unterwelt schreien sie nach Aufmerksamkeit, rauben uns unsere Lebendigkeit und unseren Selbstausdruck, sorgen dafür, dass wir reaktiv, zwanghaft und obsessiv werden, und schaden zu guter Letzt unserer körperlichen Gesundheit ... alles, um uns dazu zu bringen, dass wir ihnen zuhören.

Bis wir uns eines Tages tief in der Meditation vielleicht daran erinnern, dass alle – selbst die chaotischsten und unangenehmsten und schmerzhaftesten – Gefühle heilig sind und ein Recht darauf haben, in uns zu leben. Und uns daran erinnern, uns unseren Gefühlen zuzuwenden, statt vor ihnen davonzulaufen. Uns auf sie einzulassen. Ihnen Raum zu geben, statt sie zu betäuben oder zu ignorieren.

Nachdem wir sie mit unserer Liebe, unserer wärmenden Aufmerksamkeit, unserer Neugierde und PRÄSENZ genährt und ihnen eine schützende Umgebung in uns gegeben haben, können diese hungrigen Geister, diese verirrten Kinder, nun endlich zur Ruhe kommen. Sie brauchen nicht länger die Fäden in unserem Leben zu ziehen. Sie erfahren die Wärme und Einfühlsamkeit, nach der die sich immer gesehnt haben.

Wir verwenden einen enorm großen Teil unserer kostbaren Lebenskraft, unseres Prana, unserer heiligen Energie auf die Sisyphusarbeit, unsere Gefühle fortzustoßen, sie dazu bringen zu wollen, „irgendwo anders" hinzugehen. Doch wohin sollten sie gehen? Es gibt nur dich. Wenn du sie fortstößt, stößt du sie nur noch tiefer in dich hinein.

Ein enorm hohes Maß an Kreativität wird freigesetzt, ein enorm hohes Maß an Erleichterung empfunden, wenn wir dieses uralte Muster der Selbstaufgabe und der Verdrängung durchbrechen, wenn wir über unsere Konditionierung der Furcht hinausgehen und etwas ganz Neues wagen: nahe bei unseren Gefühlen zu bleiben, während sie sich in der Neuheit des lebendigen Augenblicks zeigen, uns zuwinken, uns zurufen, nach ihrem wahren Zuhause in der Tiefe unseres Herzens suchen.

22

Dein grosser Beschützer

Spirituelle Lehren, die uns erklären, dass wir unsere Wut vollständig auslöschen müssen, die Wut als eine grundsätzlich „negative" und „zerstörerische" Emotion verurteilen oder sie als „ungesund" oder gar „unspirituell" bezeichnen, können äußerst irreführend sein.

Wut ist Leben. Sie ist ein kraftvoller Ausdruck der Lebensenergie, die alle Dinge durchdringt, durchströmt und belebt, und sie muss als solche gewürdigt werden.

Natürlich wollen wir nicht von unserer Wut beherrscht werden! Wir wollen nicht, dass die Wut für uns spricht, uns Worte in den Mund legt oder unseren Körper und unser Verhalten steuert. Wir wollen Raum um unsere Wut schaffen, wollen fähig sein, sie bewusst einzusetzen, als Werkzeug, dort, wo es notwendig und gütig und angemessen ist. Wir wollen nicht von ihr verzehrt werden, mit ihr identifiziert werden, von ihr blockiert werden oder uns in ihr verlieren. Wir wollen eine gesunde – und sogar liebevolle – Beziehung zu diesem mächtigsten und hitzigsten aller Freunde haben.

Wenn wir versuchen, „spirituell" zu sein und unsere Wut zu unterdrücken, wenn wir sie tief in unseren Körper und in den Warteraum des Unbewussten hinein verbannen, dann schwelt sie dort und richtet großen Schaden in unserem Immunsystem an. Wir „haben" keine

Wut mehr, sondern die Wut „hat" uns. Sie ist kein Gefühl mehr, das kommt und geht. Wir *sind* jetzt wütend. Die Wut sitzt in unseren Knochen. Wir identifizieren uns mit ihr. Vielleicht explodieren wir in unserer Wut und Aggression, um den inneren Druck abzubauen. Vielleicht sind wir auch passiv-aggressiv und kochen insgeheim voller Groll und Feindseligkeit gegenüber der Welt und anderen Menschen – Politikern, Familienmitgliedern, den Nachbarn, unserem Partner. Wir finden andere unbewusste Wege, unsere Wut auszudrücken oder von ihr abzulenken: Wir lügen, beschuldigen, klagen, sind sarkastisch oder strafen andere Menschen ganz einfach durch Schweigen. All das sind Möglichkeiten, uns selbst aus dem Weg zu gehen. Wir sind innerlich immer noch wütend. Auch wenn wir glauben, „spirituell" zu sein und die Wut „überschritten" zu haben. Es gibt Geschichten darüber, dass höchst „friedvolle" und „erleuchtete" und „spirituell fortgeschrittene" Gurus und Selbsthilfelehrer hinter den Kulissen voller Wut auf ihre Schüler losgehen oder ihre Mitarbeiter oder Teilnehmer an Seminaren an den Pranger stellen. Die Wut verschwindet niemals wirklich. Sie findet lediglich neue und kreative Möglichkeiten, aktiv zu werden.

Es gibt eine gesunde, heilige Mitte zwischen den beiden Extremen, unsere Wut entweder zu betäuben oder aber sie gewohnheitsmäßig auszuagieren und andere Menschen zu verletzen. Zwischen der *Verdrängung*, bei der wir die Wut nach unten drücken, und dem unbewussten reaktiven *Ausdruck*, bei dem wir sie nach außen verlagern, um uns Erleichterung zu verschaffen.

In der Mitte – in der heiligen Sphäre der Meditation – können wir atmen und anfangen, die tief in unserem Körper sitzende Wut wirklich zu *fühlen*. Wir können aus dem Verstand – aus dem Drama im Kopf, den Schuldzuweisungen und dem Angriff auf andere Menschen und den Rachefantasien – unmittelbar in unseren Bauch, unseren Brustkorb, unsere Kehle, unseren Solarplexus, unseren Kopf kommen. Unmittelbar ins Zentrum der Lebendigkeit, in die elementaren, hitzigen Empfindungen des gegenwärtigen Augenblicks gehen. Die intensiven, pulsierenden, klopfenden, bebenden, zitternden, kitzelnden, heißen, prickelnden Empfindungen! Und wir können in sie hinein ein- und ausatmen, unsere warme Präsenz in diesen Ort einbringen, ihnen erlauben, dass sie sich in uns bewegen, das wunderbare unkontrollierbare Chaos unseres Körpers segnen. Wir können „das wütende Kind" in unserem Inneren mit der Liebe durchtränken, die es so dringend braucht.

Wir können entschleunigen und liebevoll auf unsere Wut *eingehen*, statt unbewusst auf sie zu *reagieren*.

Von einem Ort der Präsenz aus können wir die Verantwortung für unsere Wut übernehmen, statt sie nach außen zu projizieren, statt andere Menschen zu beschuldigen, zu beschämen, ihnen gegenüber unfreundlich zu sein und sie für unsere Gefühle verantwortlich zu machen. Wir können sagen: „Ja, ich bin wütend!" Wir können das pulsierende innere Gefühl würdigen, es als natürlich, gesund, heilig betrachten – nicht als Fehler, als Versagen oder als ein Zeichen dafür, dass wir „unspirituell" oder „unreif" sind.

Und wenn wir entschleunigen, atmen und aufmerksam sind, entdecken wir unter der Wut vielleicht einfach ein verletzliches, zerbrechliches menschliches Herz. Eine Traurigkeit. Eine Enttäuschung. Eine Unsicherheit. Eine Zärtlichkeit, die sich danach sehnt, gesehen, umarmt, willkommen geheißen zu werden. Ein Gefühl der Zurückweisung. Ein Gefühl, nicht gehört zu werden. Ein Bedürfnis, das darum bittet, erfüllt zu werden.

Wut war der Schutz. Kein Fehler, sondern ein Schutz.

Und wir können der Wut dafür danken, dass sie ihren Zweck erfüllt. Dass sie uns vor den „anderen" schützen will. Dass sie unser empfindsames weiches ängstliches Herz behütet. Dass sie uns helfen will, unsere Bedürfnisse erfüllt zu bekommen. Dass sie andere zum Zuhören bewegen will.

Unter der erwachsenen Persona findet sich ein unschuldiges inneres Kind, das nach Aufmerksamkeit ruft, bettelt, schreit, wütet:

„Höre mich. Sieh mich. Liebe mich. Beschütze mich. Ich bin kein Fehler …“

Folge der tobenden Wut bis in ihren verletzlichen, spirituellen Kern.

Verliebe dich in deinen großen Beschützer.

23
Stehe fest wie ein Fels!

Konzentriere dich nicht auf das, was mit der Welt „nicht in Ordnung“ ist. Wenn du gegen eine „kaputte“ Welt kämpfst, wenn du im Widerstand und in innerer Gewalt lebst, trägst du zur äußeren Gewalt bei, die du siehst.

Sieh die Welt so, wie sie ist, wie ein Künstler ein Gesicht betrachten würde mit all seinen Fehlern und Unvollkommenheiten, Furchen, Unregelmäßigkeiten, Klüften und Falten. Sieh das Licht und die Dunkelheit, die Liebe und die Flucht vor der Liebe, die Güte und ihr Vergessen. Nimm alles voller Faszination wahr. Liebe die Welt jetzt so, wie sie erscheint. Halte sie in deinen liebenden Armen. Sie ist jung und macht Fehler und lernt.

Kehre von diesem Ort der Liebe aus in die Welt zurück. Stehe fest wie ein Fels und erhelle die Welt mit deiner kraftvollen Präsenz. Erhebe deine Stimme für die, die keine Stimme haben. Verstärke die Botschaften des Verstehens und des Mitgefühls. Verbreite die Wahrheit.

Kämpfe *für* das, was du kennst und liebst, nicht *gegen* das, was du ablehnst und dem du Widerstand leistest.

Deine Aufmerksamkeit ist dein größter Segen. Segne die Welt, die du jetzt gebierst, also mit deiner liebenden Aufmerksamkeit. Gib einer sterbenden Welt durch deine Intoleranz keine neue Energie.

Komme mit deinen Brüdern und Schwestern zusammen. Entdecke deine wahre Familie jenseits von Hautfarbe, Rasse, Religion, Überzeugung. Vereinige dich mit ihnen im Namen der Liebe.

Jetzt greifst du die Welt nicht an, sondern kämpfst an ihrer Seite, und alle ihre Engel kämpfen mit dir.

24 Wenn die Liebe dich aufbricht

Die Liebe gibt dir nicht immer ein Gefühl von Sicherheit, denn Liebe ist reines Potenzial und reine Präsenz, und in der reinen Präsenz ist jedes Gefühl und ist jeder Impuls – egal wie sanft, wie schmerzhaft, wie unbequem, wie unerbittlich – willkommen.

Wenn du zulässt, dass ein anderer Mensch dir etwas bedeutet und dass du einem anderen Menschen etwas bedeutest, und wenn du nicht von Angst beherrscht wirst, bleibt deinem Herzen keine Wahl, als sich für die gewaltige Größe der Liebe zu öffnen, und du bist außerstande, die Folgen zu kontrollieren. Aus diesem Grund kann das Ego nicht lieben.

Sicher, unsicher. Glücklich, traurig. Gewiss, ungewiss. Furchtsam, furchtlos. Zerbrechlich, kraftvoll. Würdig, unwürdig. Und alles dazwischen. Das Leben will dich jetzt in so hohem Maße erfüllen, dass du kaum imstande bist, alles in dich aufzunehmen. Du bist voller Leben, vom Leben durchdrungen, trägst das Leben in dir.

Sie haben dich über die Liebe belogen, weißt du, sie haben gesagt, sie sei etwas, das immer mit guten, warmen, glücklichen Gefühlen einhergehen müsse, sie haben gesagt, sie sei etwas, das dir geschenkt werde, das du dir verdienen müssest, das du verdient haben müssest, sie haben gesagt, sie bestehe nur aus Schmetterlingen im Bauch,

Engeln und Licht, aber in Wirklichkeit war sie immer du, nackt, ursprünglich und lebendig, aufgebrochen, ganz, verletzlich, zitternd, aber wirklich, einen Kosmos einatmend, Euphorie und die Dunkelheit und die Trauer und die Freude der Menschheit ausatmend und manchmal nicht wissend, was du eigentlich tust oder ob du noch lebst.

Gut. *Atme.* Alles entwickelt sich auf wunderbare Weise im Hier. Die Liebe ist nicht nur Gewinn, sondern auch Verlust. Die geliebten Menschen sterben oder verschwinden, aber die Liebe bleibt. Sie sorgt ganz einfach dafür, dass du aufstehst, weißt du, und wieder hinfällst und dich fragst, ob du jemals wieder aufstehen wirst. Sie öffnet dich und verschließt dich und bricht dich und macht dich demütig und lacht über die kindlichen Vorstellungen, die du von der Liebe hast.

Doch all das ist vollkommen natürlich und all das geschieht *für* dich. Bald schon schließt sich der Kreis und du kehrst zu dir selbst, zum URSPRUNG zurück. Du hast immer nur dein eigenes HERZ und seine Vielzahl an Wiederspiegelungen gesucht.

Die Liebe ist hier. Die Liebe ist immer hier. Irgendwo zwischen der Euphorie und der Dunkelheit hat sie dich gefunden. Und der Boden, auf dem du stehst, ist gesegnet und du bist einmal mehr in Sicherheit.

Also weine, lache, zittere, übergib dich, zweifle den Boden an, auf dem du stehst. Das HERZ wird dich niemals im Stich lassen.

25

Nicht länger ein Bettler

Jeder Mensch, der in deinem Leben präsent ist, liebt dich in diesem Augenblick, so gut es ihm möglich ist. Sein Herz ist so verschlossen oder so offen, wie es in diesem Augenblick in Anbetracht seiner Traumen, seiner Überzeugungen, seiner Bereitschaft zur Eigenschau, der unerträglichen Gefühle, die er im Unbewussten verbirgt, und seiner Flucht vor sich selbst möglich ist.

Jeder Mensch setzt sich mit Sorgen, Ängsten und Freuden auseinander, die du vielleicht niemals kennen wirst. Sucht auf seine Weise nach Liebe. Kämpft mit Monstern in der Unterwelt, die du vielleicht niemals zu Gesicht bekommen wirst.

Wenn du versuchst, Liebe von anderen Menschen zu bekommen, ist dein Erfolg sehr stark davon abhängig, wie offen oder verschlossen ihr Herz heute ist. Du ziehst gegen sie in den Krieg, versuchst sie aufzubrechen, dir ihre Liebe zugänglich machen.

Wenn du nicht nach Liebe suchst, sondern sie stattdessen als deine wahre Natur erkennst, die Quelle der Liebe in der Strahlkraft deines eigenen Herzens spürst, bist du frei und der Kampf um die Liebe endet.

Nun kannst du zulassen, dass andere Menschen dich auf ihre ganz eigene, einzigartige Weise lieben. Wie „begrenzt“ diese Liebe für den Verstand immer auch sein mag.

Denn aus der Sicht der Fülle ist selbst die begrenzte Liebe ein Segen. Ein offenes Herz ist ein Wunder, aber ein verschlossenes Herz muss gleichermaßen gewürdigt werden.

Du kannst zulassen, dass andere Menschen dich in dem Maße lieben, in dem es ihnen heute möglich ist.

Du bettelst nicht länger um Liebe.

Weil du die wahre Quelle der Liebe kennst. Sie liegt in *dir*.

26

SEI HEUTE WILD, FREI UND LEBENDIG

Es muss Menschen geben, die verrückt werden oder Selbstmord begehen, weil so viel Leben in ihnen ist und sie sich außerstande sehen, es auszudrücken oder überhaupt Zugang zu ihm zu erlangen.

Du bist nicht *krank*, wenn sexuelles Verlangen nach einem Mann oder einer Frau dich durchströmt. Lasse zu, dass es dich durchströmt. Es beherrscht dich nicht, wenn du *durch es hindurchatmest.* Es besteht keine Notwendigkeit, dich seiner zu „entledigen“, und auch keine Notwendigkeit, in deinem Streben nach Erleichterung darauf zu reagieren. Es sind nur Bilder im Verstand, Bilder auf der großen Leinwand des Bewusstseins, und je mehr du sie *zulässt*, umso weniger sind sie ein Problem. Es besteht keine Notwendigkeit, dich zu verurteilen, und auch keine Notwendigkeit, dich dafür zu verurteilen, dass du dich verurteilst. Der Verstand ist pure Schöpferkraft und unsere Macht, ihn zu beherrschen, ist begrenzt. Unsere wahre Macht liegt tatsächlich in der Fähigkeit, alles, was sich im Theater unseres Verstandes abspielt, *liebevoll anzunehmen*, Raum für „Lärm und Wut“ des Verstandes zu schaffen, zu wissen, dass letztendlich alles „nichts bedeutet“.

Lasse zu, dass der Verstand ist, wie er ist, und erkenne, dass *du nicht der Verstand bist.*

Du bist nicht *krank*, wenn du von Todesgedanken heimgesucht wirst. Segne sie und lasse sie vorüberziehen, denn sie ziehen immer vorüber und es sind nur Gedanken, Stimmen, lebhafte Bilder.

Du bist nicht verrückt, wenn intensive Gefühle von Freude oder Kummer, Entsetzen oder Wut dich unerwartet und manchmal gleichzeitig durchströmen. Sei der mutige Raum für diese Gefühle, nicht ihr Sklave.

Du bist nicht *gestört*, wenn auf der Leinwand des BEWUSSTSEINS verstörende Bilder zu sehen sind, denn *du bist die unveränderliche Leinwand*, nicht die in ständiger Veränderung begriffenen Bilder.

Schaffe Raum in dir selbst für das Licht und die Dunkelheit, für alles, was absonderlich und seltsam und erotisch und tabu und einzigartig und unbequem ist. Wenn du nichts verdrängst und nichts verleugnest, kann nichts davon dich ängstigen oder beherrschen. Du wirst erkennen: *Auch alle Gedanken sind deine Kinder.*

Radikale Selbstliebe ist die tiefste Form der Freude, die es gibt. Sie gibt dir die Erlaubnis, wild, frei und lebendig zu sein.

Und wisse, dass es nichts gibt, das mit dir *nicht in Ordnung* ist – niemals.

27
Tief im tantrischen Morast

Man hat uns Lehrer, Führer, Engel, Heiler, Provokateure, Verbündete, Gegner in jeder nur denkbaren Gestalt geschickt. Unser Partner, unsere Kinder, Freunde und Familienmitglieder. Unser Therapeut, unsere Arbeitskollegen, ein Fremder in der U-Bahn.

Wir sind von unseren wahren Lehrern umgeben. Weil die wahren Lehren des Lebens uralt sind und tief in uns verborgen liegen.

Alle Menschen, die gerade jetzt in unserem Leben präsent sind, haben uns Geschenke anzubieten. Manche Geschenke sind offenkundig, während andere erst im Rückblick erkannt werden.

Durch manche Beziehungen lernen wir, anderen Menschen zuzuhören. Die Wahrheit eines anderen Menschen anzunehmen, ohne ihn sofort „in Ordnung bringen" zu wollen, ihm Ratschläge zu erteilen oder ihn daran zu hindern, seine Gefühle zu fühlen. Seine Welt ernst zu nehmen. Aus unserem eigenen Verstand herauszukommen. Unsere Ichbezogenheit und unseren Narzissmus aufzugeben und uns in die Lage des anderen zu versetzen.

Manche Beziehungen lehren uns, uns selbst zu hören, mit unseren eigenen Wünschen und Bedürfnissen in Berührung zu kommen. Aufrichtig über unsere wahren Gefühle zu sprechen, das auszusprechen, was wirklich in uns vorgeht, auch wenn unser Herz hämmert und wir uns Sorgen machen, wie unsere Worte aufgenommen werden.

Manche Beziehungen lehren uns, die Liebe hereinzulassen, uns lieben zu lassen. Uns unterstützen zu lassen. Um Hilfe zu bitten und diese Bitte nicht als Schwäche zu sehen. Zu erlauben, dass andere Menschen sich um uns kümmern, für uns sorgen. Liebende Aufmerksamkeit zu empfangen. Im mitfühlenden Blick eines anderen Menschen gehalten zu werden. Dieses Mitgefühl einzulassen. Zu wissen, dass wir es wahrhaftig verdienen.

Manche Verbindungen lehren uns, Hilfe und Unterstützung zu geben, auf die Gefühle und Bedürfnisse eines anderen Menschen zu achten, uns um einen anderen Menschen zu kümmern. Eine Führungsrolle zu übernehmen und aktiv zu werden und aus unseren eigenen Sorgen herauszutreten. Unsere Zeit und unsere Aufmerksamkeit, unsere emotionale und körperliche Kraft einzubringen. Das Geschenk unserer Opferbereitschaft anzubieten. Und im Geben auch unsere Grenzen zu entdecken. Von einem Ort der Selbstfürsorge und nicht aus einem Schuldgefühl heraus zu geben.

Manche Beziehungen lehren uns die Notwendigkeit, für uns einzutreten. Sie zwingen uns zu einem ehrlichen Eingeständnis dessen, was nicht in Ordnung ist, was uns verletzt, was sich falsch anfühlt, was „zu viel“ oder „zu wenig“ ist. Zu erkennen, wann unsere Grenzen überschritten wurden. Unsere rechtschaffene Wut auszudrücken, den Teil von uns, der das Gefühl hat, nicht gesehen, nicht gehört, nicht geachtet, missbraucht zu werden. Genug Selbstachtung zu haben, um ungeachtet der Konsequenzen „nein“ zu sagen.

Manchmal lernen wir durch Trennungen, Herzensbrüche, den Tod und die Transformation von Beziehungen. Wir wagen den Schritt heraus aus etwas, das uns nicht guttut, treten aus dem Alten heraus und ins Unbekannte hinein, treten in die Lebendigkeit ein, treten vielleicht in Schmerz und Gefühle der Einsamkeit ein, treten in unsere Kraft ein und achten unser kostbares Herz, während es sich verschließt und öffnet und verschließt und öffnet und …

Manchmal wachsen wir, indem wir in einer Beziehung bleiben, obwohl uns danach ist, sie zu verlassen. Indem wir bei Konflikten und Missverständnissen präsent bleiben, unsere Wut, Angst, Trauer und Verärgerung, Scham und Schuld fühlen, unsere schmerzvolle oder glückselige Wahrheit zum Ausdruck bringen. Kraft im Bleiben finden. Entschleunigen und das Chaos gemeinsam anschauen. Vielleicht einen Ort finden, an dem wir uns wieder verbinden können. Vielleicht Wiedergutmachung leisten. Uns vielleicht entschuldigen. Zu unseren eigenen Verletzungen und Handlungen stehen und einen anderen Menschen zu seinen Verletzungen und Handlungen stehen lassen.

Manchmal lehrt uns eine Beziehung, mit jemand anderem zusammen zu sein, und manchmal lehrt sie uns, mit uns allein zu sein. Vor unserem kostbaren Alleinsein nicht länger davonzulaufen. Die Freude im Schweigen, in der Stille, in der Einsamkeit zu finden.

EINS zu sein. Zwei zu sein.

Uns zu vereinigen. Uns zu trennen.

Zu spüren, wann wir aus dem Gleichgewicht geraten sind.

Zu spüren, wann wir uns vernachlässigt fühlen.

Erdrückt.

Taub.

Abgeschnitten.

Leer. Erfüllt.

Unser Bedürfnis nach Alleinsein ernst zu nehmen.

Unser Bedürfnis nach Gemeinschaft ernst zu nehmen.

Zu erkennen, wann wir uns verstecken, Angst haben, gesehen zu werden, einer Verbindung aus dem Weg gehen.

Zu erkennen, wann wir uns aus einer Abhängigkeitsrolle heraus für einen anderen Menschen aufgeben, vor uns selbst davonlaufen, um einem anderen Menschen in einer Beziehung der Co-Abhängigkeit zu begegnen, erwarten, dass wir gerettet, „in Ordnung gebracht", geheilt werden.

Manchmal ist eine Beziehung reine Glückseligkeit.

Manchmal ist sie verwirrend und qualvoll.

Wir sind dazu aufgerufen, den Gipfel inniger Nähe zu berühren.

Wir sind dazu aufgerufen, die Tiefen unserer existenziellen Einsamkeit und tiefsten Sehnsüchte zu berühren.

Wir sind dazu aufgerufen, uns selbst zu erkennen.

Alle Erfahrungen auf dem Beziehungsweg können uns etwas lehren, uns verändern, uns heilen.

Selbst in unserem Ringen können wir Segen und Einsicht finden.

Wenn wir bereit sind, zu entschleunigen und hinzuschauen.

Wenn wir bereit sind, neugierig zu bleiben und uns voller Mut auf unsere verkörperte Erfahrung einzulassen.

Wenn wir bereit sind, uns in die Schmerzen und Freuden einer Beziehung einzufühlen.

Dann kann es passieren, dass wir tief im tantrischen Morast vielleicht auf eine Goldgrube stoßen.

28

Die Pforte des Heiligen

Was ist Trauma? Gedanken, die undenkbar scheinen. Gefühle, die unerträglich scheinen. Empfindungen im Körper, die wir nicht vollständig halten und denen wir uns nicht rückhaltlos stellen können. Erfahrungen, die wir nicht vollständig verarbeiten konnten, als wir sie ursprünglich gemacht haben. Bilder im Kopf, die wir einfach nicht sehen wollen. Die Dunkelheit in uns, vor der wir davonlaufen, die „Negativität", vor der wir uns verstecken, die wir aus Angst und Scham vor uns selbst und anderen Menschen verbergen.

Moment für Moment können wir zulassen, dass selbst die entsetzlichsten und intensivsten Gedanken und Gefühle in die heilende Umarmung des JETZT zurückkehren. Dort ist ihr Platz.

In der Gegenwart eines liebevollen Freundes, eines fähigen Therapeuten, eines großen Berges oder des Himmels und aller Götter und Engel, in den Armen der uralten Erde, die uns hält wie ein neugeborenes Kind, können wir zulassen, dass unsere Abwehrmechanismen zusammenbrechen, können unseren tiefsten Schmerz und Kummer berühren und ihn mit Neugierde, Bewusstheit und Liebe durchströmen.

Moment für Moment können wir in der großen Weite der Meditation das Unerträgliche ertragen, das nicht Hinnehmbare hinnehmen, durch den tiefsten Schmerz atmen. Achtsam, langsam können wir das Grauen mit Licht erfüllen, die dunkelsten Bereiche mit Güte durchtränken, die Unterwelt erhellen, in der die wilden und furchteinflößenden Kreaturen leben.

Eine Wunde ist ein Portal. Sie tötet dich nicht, wenn du dich ihr zuwendest. Ich habe innere Schrecken durchlebt, die mich bis an den Rand meiner geistigen Gesundheit, an den Rand des Todes gebracht haben. Ich bin mit einer inneren Trauer in Berührung gekommen, die so unerträglich war, dass ich glaubte, mein Herz könne sie nicht eine Sekunde länger tragen. Ich habe Wut gespürt, die so stark war, dass sie imstande gewesen wäre, einen ganzen KOSMOS zu zerstören oder zu erschaffen.

Moment für Moment gelang es mir jedoch, das Unerträgliche zu ertragen, das Unakzeptable zu akzeptieren, mich in den inneren „Feind" zu verlieben. In einen Feind, der sich als ein unschuldiges inneres Kind entpuppte, das wütend und laut schreiend nach meiner Liebe verlangte. Mein eigenes Fleisch und Blut. Kein Feind, kein Fremder, sondern *ein Teil von mir*. Diese Erkenntnis veränderte mein Leben für immer.

Im Zentrum meines tiefsten Traumas erblickte ich mein eigenes Gesicht, das mich gütig anlächelte. Ich fand dort Kraft und Mut, von denen ich gar nicht wusste, dass ich sie besaß. Ich fand die absolute Sicherheit. Ich fand die Göttin selbst. Sie hatte meine tiefsten Wunden (ihre eigenen Wunden) dazu benutzt, mich zu mir selbst (sich selbst) zurückzurufen und meine Ganzheit zu erneuern. Keine Trennung mehr.

Ein Trauma ist ein schwarzes Loch. Es saugt das Leben sowohl aus dir als auch aus den Menschen in deinem Umfeld heraus, wenn du versuchst, vor ihm davonzulaufen. Ein Trauma kann aber auch ein Quasar sein, ein erstaunlicher Motor neuen Lebens, von der Schwärze angetrieben, der mehr Licht ausstrahlt als zwanzig Galaxien.

Die Dunkelheit bringt Licht hervor.

Der Schmerz bringt Freude hervor.

Das alchemistische Feuer bringt Gold hervor.

29

DER WILDE BUDDHA

Du kannst das Ideal des „ruhigen, gelassenen und rationalen“ Menschen gleich aufgeben, mein Freund. Du kannst das Bild des „zutiefst friedvollen steinernen Buddhas“ im Feuer verbrennen. Es ist eine entsetzliche Lüge. Es ist gesund, zu schluchzen, zu schreien, zu stöhnen, zu seufzen, hysterisch zu lachen, zu zittern, Angst, Wut, tiefen Kummer, ekstatische Freude zu empfinden, tiefe und starke Begierden und Sehnsüchte zu haben.

Wir tragen alle einen wilden Buddha in uns, der sich nicht zähmen lässt. Je mehr du ihn unterdrücken willst, umso lauter wird er. Je mehr du versuchst, ihn zu beschämen, ihm das Gefühl zu geben, dass er verrückt, „irrational“ oder „übermäßig emotional“ ist, umso wütender und mächtiger wird er. Je mehr du vor ihm davonläufst, umso mehr läuft er dir nach. Er lässt sich nicht durch kluge Worte und ausgefeilte Philosophien besiegen. Er lässt sich nicht zum Schweigen bringen. Du kannst ihm nicht entkommen, weil du nur versuchst, dir selbst zu entkommen.

Wir alle müssen uns irgendwann dem WILDEN BUDDHA in uns stellen, müssen Neugierde für unsere natürlichen Gefühle, Bedürfnisse und Impulse entwickeln, ganz gleich, ob sie angenehm oder schmerzhaft sind, ganz gleich, wie zärtlich oder intensiv sie sind. Wir müssen ihnen unsere achtsame Aufmerksamkeit und unseren Atem zum Geschenk machen, ihnen unser Verständnis und unsere Liebe schenken, ihnen ein dauerhaftes Zuhause in uns selbst geben, einen Ort, an dem sie sich frei bewegen können. Wenn wir uns mit der Wildheit in uns selbst anfreunden, können wir uns auch mit der Wildheit in anderen Menschen anfreunden. Wenn wir vor unseren eigenen Gefühlen keine Angst mehr haben, versuchen wir auch nicht länger vergeblich, die Gefühle anderer Menschen zu kontrollieren, und wir können unseren wilden Spielgefährten wesentlich mehr Mitgefühl entgegenbringen. Wir schluchzen, schreien, stöhnen, seufzen, lachen und zittern gemeinsam, wir empfinden gemeinsam Angst, Wut, tiefen Kummer, ekstatische Freude, tiefe und starke Begierden und Sehnsüchte und können sie alle als Ausdrucksformen des GÖTTLICHEN würdigen.

Buddha schluchzte manchmal wie ein kleines Kind, empfand rechtschaffene Wut angesichts der Ungerechtigkeit und des Missbrauchs in der Welt, fürchtete den Tod und stand dennoch furchtlos im Zentrum dieser Angst. Denn hier lag die Quelle seiner Kraft: in der grenzenlosen und unverbrüchlichen Liebe zu seiner inneren Wildheit.

30

Das Feuer besänftigen

Eines der größten Missverständnisse liegt darin, dass wir uns nicht „aufregen" sollten. Vielleicht haben wir von unseren Eltern oder von unseren spirituellen Lehrern, Therapeuten, Selbsthilfelehrern oder Religionsvertretern gelernt, dass wir stets *friedvoll, ruhig und zentriert* sein sollten – wie sie. Dass wir *entspannt, geerdet, ausgeglichen, positiv, glücklich* sein sollten. Und dass wir natürlich stets *mitfühlend, gütig, tolerant, selbstlos und liebevoll* zueinander sein sollten. Wut galt als eine *negative* oder *destruktive* Emotion und wir mussten lernen, über sie hinauszugelangen.

Wunderbare Ideale. Wunderbare Träume. Doch unser inneres Kind schert sich manchmal keinen Deut darum, „gut" zu sein. Oder „liebevoll" zu sein. Oder „nett" zu sein. Oder „mitfühlend" zu sein. Manchmal noch nicht einmal darum, „glücklich" zu sein.

Und es hat noch nie etwas von „Spiritualität" gehört.

Wir tragen einen wunderbaren Narzissten in uns, der manchmal verletzt, wütend, verängstigt, angewidert ist. Der sich ungeliebt, nicht wahrgenommen und vernachlässigt fühlt. Und wenn wir diesen inneren Anteil zum Schweigen bringen, ihn unterdrücken oder ihm die Luft abschnüren, brodelt er mit hitziger Wut tief in unserem Unbewussten. Er ist unschuldig und wütet nur, um unsere liebevolle

Aufmerksamkeit zu bekommen – aber das lehrt man uns nicht. Man lehrt uns, unsere Wut zu fürchten, sie in unserem Bestreben, *gütig und gut und glücklich … und sehr spirituell* zu sein, sowohl vor uns selbst als auch vor der Welt zu verbergen.

Die *Unterdrückung* und die *Ablehnung* unserer tiefsten Gefühle sind die wirklichen Ursachen für alles Leiden und alle Gewalt in der Welt. Es sind nicht die Gefühle selbst. Sie sind natürliche und harmlose Energien, die in uns nur zur Vollendung gelangen und uns dann in Frieden lassen wollen.

In seinem Streben danach, gehört zu werden und unsere Aufmerksamkeit zu erlangen, raubt die Wut unseres vergessenen inneren Kindes uns allmählich unsere Lebensenergie, sodass wir uns depressiv, lethargisch, erschöpft fühlen und uns vor dem Leben verstecken wollen. Die unterdrückte Wut nährt unsere Süchte und Zwänge. Sie erzeugt Stress, chronische Schmerzen und Spannung im Körper, fördert Krankheiten und ruft sogar Selbstmord- und Mordgedanken wach, die wir wiederum verdrängen, verleugnen oder zum Schweigen bringen wollen, und all das nur, damit wir ein akzeptables „Selbst"-Bild aufrechterhalten können.

Wir können diesen inneren Anteil weder zerstören noch herausschneiden. Er schreit nur nach der Liebe, die ihm in der Kindheit nie geschenkt wurde. Je mehr wir versuchen, ihn zu zerstören, umso mehr versucht er, uns zu zerstören. Alles, was wir in uns selbst fürchten und bekämpfen, gewinnt immer größere Macht.

Ein hohes Maß an Heilung kann geschehen, wenn wir unsere vom Verstand geschaffenen Ideale loslassen und uns stattdessen unserer lebendigen Wahrheit zuwenden.

Wir geben zu, dass wir heute entgegen dem Anschein, den wir erwecken wollten, nicht von „Liebe, Licht und Glückseligkeit" erfüllt sind, sondern einen inneren Kampf ausfechten. Dieses Eingeständnis kommt für das Ego einem Tod gleich. Es ist eine entsetzliche Niederlage für die Kräfte der Unterdrückung und der Angst … für unser authentisches Selbst bedeutet es dagegen eine absolute Befreiung.

Wir laden all unsere verschüttete Wut in unser Bewusstsein ein, damit wir ihr endlich begegnen können. Wir verbinden uns mit dem wütenden inneren Anteil, halten ihn endlich in unseren Armen, lassen ihn sein, lassen ihn leben und erlauben ihm, auf ungefährliche Weise zum Ausdruck zu kommen. Fragen ihn, was er wirklich braucht. Fühlt er sich ungeliebt, enttäuscht, traurig, vergessen? Fühlt er sich vernachlässigt, missbraucht, alleingelassen, in Gefahr? Auf welche verwundbare Stelle wollte die Wut unsere Aufmerksamkeit lenken? Wir wollen das kostbare Kind in uns mit faszinierter Aufmerksamkeit überhäufen, ihm ein Zuhause und eine Stimme geben. Damit es uns nicht länger beherrscht. Damit wir endlich nicht länger sein Sklave sind, sondern Vater oder Mutter für es sein können.

Wenn wir uns mit unserer Wut anfreunden, wenn wir in sie hineinatmen, wenn wir sie mit einem gütigen Gewahrsein besänftigen, können wir eine tiefe Freude erfahren, die Freude inniger Nähe zu uns selbst. Und vielleicht finden wir einen Frieden, der nicht das Gegenteil von Wut ist, sondern mitten im Zentrum der Wut zu finden ist. Den Frieden, der daher kommt, dass wir uns selbst nahe sind und alles würdigen, was wir sind, die wunderbare Kraft der Wut würdigen, die uns mit ihrer Intelligenz vor vermeintlichem oder tatsächlichem Leid oder Schaden bewahren will.

Wut ist nicht schlecht oder falsch. Sie ist kein Zeichen von Schwäche oder Versagen. Sie ist ein kostbares Waisenkind, das an die Tür des gegenwärtigen Moments klopft und sich danach sehnt, eingelassen zu werden.

31

Das Ende des neuen Zeitalters

Deine Wut, deine Zweifel, deine Sorgen und Ängste sind weder „schlecht“ noch „falsch“ oder „unreif“. Sie zeugen nicht von einer „niedrigen Schwingung“ und sind nicht „negativ“ oder „unspirituell“. Alle diese Worte sind nur Etiketten und Werturteile des Verstandes, die das HERZ nicht kennt. Wenn sie nicht begrifflich überfrachtet werden, sind diese Gefühle nur verirrte, einsame Energien, die wir in uns tragen und die sich nach Wärme, Akzeptanz, Empathie, Luft zum Atmen und gespannter Aufmerksamkeit sehnen.

Angst ist ebenso wenig das Gegenteil von Liebe, wie es eine Welle gibt, die das „Gegenteil“ des Ozeans ist. Angst ist eine vollständige Ausdrucksform des Bewusstseins, desselben umfassenden Bewusstseins, das als Glückseligkeit und als Freude und auch als Staunen tanzt. Angst ist eine beschränkte, angespannte, undurchlässige und gehemmte Form von Liebe, aber sie ist nicht das Gegenteil von Liebe.

Diese nichtduale Erkenntnis verändert dein Leben. Und ist der erste Schritt hin zum Ende aller inneren Opposition und Gewalt.

Du ziehst Missbrauch, Verlust oder ein Unglück nicht infolge einer falschen „Schwingungsfrequenz“ an. Du hast deine Krebserkrankung oder Infektion oder Fraktur nicht durch deine Wünsche „manifestiert“. Das sind alte, schuldbeladene – und offen gesagt narzisstische – Geschichten, die das Opfer verurteilen und auf einem dualistischen Verständnis beruhen.

Wir brauchen diese Mythen und Lügen des neuen Zeitalters nicht länger, sondern wollen uns stattdessen der Wirklichkeit zuwenden und alle – selbst die allerdunkelsten – Gefühle als unsere inneren Kinder, als Wellen des HERZENS, als erstaunliche Ausdrucksformen des GÖTTLICHEN willkommen heißen.

32

Langsam und empathisch in einer schnelllebigen Welt

Manchmal schaue ich mich in der Welt um und spüre, wie mich eine tiefe und uralte Traurigkeit durchströmt. Jeder und alles bewegt sich hier so *schnell.* Ich fühle mich oft wie ein Außerirdischer. Wie ein langsamer, achtsamer, präsenter Außerirdischer. Ich beobachte, wie Menschen von einer Erfahrung zur nächsten hetzen, kaum innehalten, um über das Wunder ihrer Existenz nachzudenken, sich kaum einmal die Zeit nehmen, das Staunen einsinken zu lassen, Tag für Tag in Bewegung sind, ohne jemals ihre Gefühle zu fühlen. Zwanghaft vor sich selbst davonlaufen, um eine fiktive Zukunft zu erreichen. So sehr vom *Dort* gefesselt sind, dass sie das Wunder des *Hier* vergessen. So sehr mit dem *Tun* identifiziert sind, dass das Wertvollste verloren geht. *Das Gefühl, ganz einfach lebendig zu sein.*

Gut situiert. Beliebt. Vielleicht berühmt und erfolgreich. Vielleicht auf dem Weg zu einem besseren und aufregenden Morgen. Und doch von enorm großer Angst erfüllt, zu entschleunigen, in eine tiefe Ruhe zu kommen, innezuhalten und die Dinge ins Bewusstsein einzuladen, die in den Tiefen des Unbewussten lauern. Die verdrängten Schrecken. Die Ängste. Die unverarbeiteten Sehnsüchte aus der Kindheit. Ungelebte Leben, unerfüllte Potenziale, unausgesprochene Wahrheiten. Verliebt in das Licht, aber dennoch voller Angst, die Dunkelheit zu berühren. Die natürliche Seinsfreude vergessend, das innere Kind, das erstickt wurde, damit wir ein „erwachsener Mensch" werden konnten. Die Verspieltheit vernachlässigend, die betäubt werden musste, damit wir „dazugehören". Und jetzt: zufrieden mit oberflächlichen Freuden. Aussehen. Beliebtheit. Leistungen. Erfolg. Dinge, die wichtig sind, am Ende aber nicht wirklich eine Rolle spielen. Zufrieden mit einer begrenzten, an Bedingungen geknüpften Version von Glück. Der Art von Glück, die du auf Instagram teilen kannst. Der Art von Glück, die du kaufen und verkaufen kannst. Der Art von Glück, die ein Gegenteil hat und so schnell bröckelt. Die Art von Glück, die sich gut ausnimmt.

Es ist traurig zu sehen, dass unser wunderbares Potenzial in Vergessenheit gerät. Natürlich ist nichts „falsch" an diesem unbewussten Denken und Handeln. Ich sitze ganz gewiss nicht über meine Mitmenschen zu Gericht. Ich war selbst einmal vollkommen unbewusst. Ich liebe unsere verwundbare Menschlichkeit und ich verstehe den Mechanismus der Flucht. Wir geben alle das Beste, dessen wir angesichts unserer Konditionierung und der ererbten und konditionierten Angst vor uns selbst fähig sind. Auch ich bin früher davongelaufen. Aber mein Zusammenbruch war unausweichlich. Denn die Liebe, nach der ich suchte, war niemals in der Zukunft zu finden. Sie war immer hier, verschüttet in meinem eigenen HERZEN, mir viel näher als mein eigener Atem.

Ich wünschte nur, dass jeder den Mut fände, wahrhaftig innezuhalten. Zur Ruhe zu kommen. Zusammenzubrechen, wenn es sein muss. Zu weinen, wenn es sein muss. Und endlich zu *fühlen*: die Verlassenheit, die Trauer, die Scham, die unbewusst das Sagen hatte. Endlich die Verstellung aufzugeben. Endlich die süchtig machenden Oberflächlichkeiten der lebendigen Wahrheit zu opfern – der angsteinflößenden, verwirrenden, aufregenden, peinlichen, unbehaglichen, bodenlosen Wahrheit.

Es liegt keine Schande darin, zusammenzubrechen und durch das Chaos hindurch zu atmen.

Es ist zweifellos eine Herausforderung, in einer schnelllebigen Welt langsam und empathisch zu sein. Empfindsam zu sein in einer wahnsinnigen Welt, in der sich alles nur noch um Ziele und Ergebnisse, Oberflächlichkeiten und Statistiken dreht. Ein Liebender zu sein in einer Welt, die Liebe auf eine Ware reduziert hat. Erwacht zu sein in einer Welt, die versucht, dich zu betäuben, und dir dann Medikamente und Heilmittel und Ablenkungen für deine Taubheit verkaufen will.

Doch *du* kannst nicht betäubt werden. Du kennst jetzt deinen Weg und du kannst nicht umkehren. Und deine Empfindsamkeit ist für diese schnelllebige Welt ein wunderbares Geschenk. Du kannst sie lehren, zu entschleunigen, die Schönheit im Gewöhnlichen und Alltäglichen zu sehen, sich mit dem Raum und der Stille und dem Nichtwissen wohlzufühlen, zu atmen …

33

Mit der Freude gehen

Manchmal bist du so gefesselt vom Ziel, vom Bestimmungsort, von der Zukunft, von dem „Ort, an dem du sein solltest“, dass du die Gegenwart vergisst, den Boden, auf dem du stehst, den Ort, von dem aus du den nächsten Schritt gehst, den Ort, an dem das Leben immer stattfindet.

Du vergisst, dass du jetzt atmest, dass die Reise nur aus Atemzügen, aus flüchtigen Augenblicken, aus Momenten besteht, die nicht wiederholt werden können. Du vergisst deine eigene Präsenz, so solide, so vertrauenswürdig, so beständig inmitten der ständigen Veränderung, die deine Reise kennzeichnet. Der Bestimmungsort ist wichtiger geworden als die Präsenz und du hast dich in der Zeit verloren.

Die Freude ist kein Ort, den du erreichst. Die Freude erscheint nicht wie durch Zauberhand, wenn du deine Reise vollendet hast. Die Freude lebt nur in der Gegenwart. Die Freude hat ein Zuhause namens JETZT.

Die Freude lebt in dem Gefühl, lebendig zu sein, im Heben und Senken des Brustkorbs, im Schlagen des Herzens, in den überraschenden Geräuschen des Nachmittags. Die Freude lebt in jedem Schritt, den du gehst oder nicht gehst. Ob du dich verirrt hast, weit von deinem Bestimmungsort entfernt bist oder unsicher bist, worin dein nächster Schritt besteht: Die Freude ist da, geht mit dir, sitzt dir im Nacken, spornt dich an.

34

Das Abenteuer der Liebe

Wir sehnen uns ebenso sehr nach Liebe, wie wir sie fürchten. Wir sehnen uns ebenso sehr danach, dass man uns sieht, wie wir vor der Möglichkeit flüchten, gesehen zu werden. Wir sehnen uns ebenso sehr nach der Umarmung inniger Nähe, nach zärtlichen Augen, die uns verständnisvoll und einfühlsam anblicken, wie wir versuchen, genau diesem Blick aus dem Weg zu gehen. Er ist zu riskant. Zu entlarvend. Es gibt keinen Ort, an dem wir uns verstecken können. *Gesehen werden heißt sterben.*

In uns tobt ein Kampf. Zwischen dem Ungeliebten, der sich verstecken will, und dem, der sich nach dem Reiz, dem Risiko und dem Abenteuer sehnt, das mit der Liebe einhergeht.

Wir fühlen uns unbewusst von den Menschen angezogen oder abgestoßen, die uns so behandeln, so mit uns reden oder uns so halten, wie es unsere Eltern getan oder nicht getan haben. Wir fühlen uns zu den Menschen hingezogen, die imstande sind, uns zu heilen, und manchmal auch zu denen, die es nicht sind. Wir glauben, uns in einen Menschen zu verlieben, und dabei verlieben wir uns manchmal nur in das Bild, das wir von ihm haben und das überhaupt nichts mit ihm zu tun hat.

Wir lieben und wir verlieren unsere Bilder von der Liebe. Wir steigen hoch und wir fallen tief. Unser Herz schwingt sich in höchste Höhen und unser Herz zerbricht in tausend Stücke. Wir suchen nach Sicherheit und finden Unsicherheit und darin finden wir unsere Sicherheit. Wir suchen nach Freiheit und finden das Gefängnis unserer eigenen Programmierung und verlieren die Hoffnung und gewinnen sie zurück.

Manchmal braucht es Mut, aus einer Beziehung herauszugehen. Manchmal braucht es Mut, in einer Beziehung zu bleiben. Manchmal braucht es Mut, heute nichts zu tun. Manchmal braucht es Mut einzugestehen, wie groß dein Schmerz ist. Manchmal braucht es Mut einzugestehen, wie glücklich du bist.

Manchmal gehst du einen Schritt, ohne zu wissen warum, und alles wird erst im Rückblick klar. Du kannst ohnehin nichts falsch machen. *Gehe den Schritt oder gehe ihn nicht*, flüstert die Liebe.

Wir verlieren uns selbst und wir finden uns selbst. Wir geben mehr, als wir nehmen können, und erschöpfen uns im Namen der „Liebe". Oder wir laufen so schnell davon, wie wir können, und erschöpfen uns auf unserer Flucht vor der „Liebe".

„Sieht mich jemand … Hört mich jemand … Hält mich jemand …"

Und das Drama der Liebe wird aufgeführt. Und im Laufe des Stücks lernen wir mehr über uns selbst. Wir sehen allmählich unsere blinden Flecken. Unsere unbewussten Muster werden ins Licht des Bewusstseins gerückt. Wir erkennen unsere Annahmen. Unsere Kindheitsfantasien beginnen zu bröckeln. Wir fühlen plötzlich Schmerz, den wir niemals fühlen wollten. Trauer. Wut. Scham. Gefühle der Zurückweisung, Verlassenheit. Wir wollen davonlaufen, zurück in die alten Süchte, in die alte Bequemlichkeit, und aus irgendeinem Grund tun wir es nicht. Wir werden neugierig. Wir schauen hin und hören auf, so viel zu denken. Wir finden allmählich eine Beziehung zu uns selbst. Betrachten und behandeln uns als den wunderbaren Liebenden, der wir sind. Als faszinierendes und geliebtes Geschöpf.

Mit jedem Tag begegnen wir uns auf einer tieferen Ebene. Wir entdecken, wer wir wirklich sind. Was wir fühlen und was wir nicht fühlen. Was wir wollen und was wir nicht wollen. Wir lernen, „ja" zu sagen, wenn wir ja meinen, und „nein" zu sagen, wenn wir nein meinen, und wenn unser Nein jemand anderen verletzt, legen wir die Verantwortung für seine Heilung wieder in seine Hände. Wir lernen, dass Liebe nicht nur aus Schmetterlingen und Rosen und positiven Gefühlen besteht. Sie ist auch Arbeit. Sie ist Chaos. Sie ist Schmerz und der Mut, durch den Schmerz hindurch in die Freude und Weite hineinzuatmen. Die Liebe verlangt von uns, immer wahrhaftiger zu werden, immer menschlicher, immer bewusster, immer weniger vollkommen. Uns unserer selbst stärker bewusst zu sein und bereit zu sein, immer mehr und tiefer zu fühlen. Manchmal zuzulassen, dass unser Herz bricht. Manchmal nicht zu wissen. Manchmal gelangweilt zu sein. Manchmal glückselig zu sein. Manchmal voller Leben zu sein. Manchmal nicht zu wissen, worin der nächste Schritt besteht. Und ihn dann zu gehen. Oder nicht zu gehen.

Die Liebe ist kein Gefühl, kein Zustand, keine Erfahrung. Sie ist kein Ziel und kein Bestimmungsort. Sie ist das außergewöhnliche LICHT, das von innen heraus leuchtet. Sie ist das strahlende WISSEN, das uns niemals verlässt. Sie ist die pure LebensFREUDE.

Wir können sie gemeinsam erfahren. Wir können sie allein erfahren. Wir können einander daran erinnern. Wir können sie auch vergessen. Wir können die „Knöpfe" des jeweils anderen drücken und einander helfen, Neugierde für diese „Knöpfe" zu entwickeln. Wir können diese Arbeit auf uns nehmen oder nicht.

Wir können uns im Feuer der Liebe begegnen. Den Weg zusammen gehen oder nicht. Unser Herz teilen. Einen Schritt zurücktreten. Einen Schritt vortreten. Oder dort bleiben, wo wir sind. Lernen, den Tanz der Liebe, die Spontaneität, das Abenteuer, das Geheimnis, die Unmittelbarkeit und die innige Nähe und auch das Davonlaufen zu lieben. Lernen, das zu verlernen, was wir wissen, und das Nichtwissen als neues Wissen anzunehmen. Und uns immer mehr mit der Unlösbarkeit anfreunden. Immer glücklicher sein mit dem Unglücklichen in uns, gewiss in der Ungewissheit, sicher in der Unsicherheit. Immer glückseliger über unseren Mangel an Glückseligkeit. Immer neugieriger auf das, was wir hier im JETZT finden. Immer durchlässiger, immer verspielter. Weniger ein Suchender als vielmehr ein Gebender und ein Findender der Liebe und einer wilden PRÄSENZ, die andere einlädt, an derselben Freude teilzuhaben.

Das ist das ABENTEUER DER LIEBE, das wir in jedem Augenblick unseres Lebens erfahren können.

35

DAS HERZ WIEDER ÖFFNEN

Mein Freund, ich weiß, dass du im Augenblick das Gefühl hast, dein Herz sei verschlossen.

Du fühlst dich einsam, abgeschnitten, getrennt, als seiest du kein Teil dieser Welt, und die Dinge, die dir gestern Freude bereitet haben, scheinen heute sehr weit weg zu sein. Ich möchte dir sagen, dass du dennoch kostbar bist, dennoch eine erstaunliche Regung der Schöpfung, dennoch faszinierend und schön, wie du bist, auch mit wehem und verschlossenem Herzen.

Richte deine Aufmerksamkeit auf das Hier und Jetzt. Vergangenheit und Zukunft sind nicht dein wahres Zuhause. Wende dich neugierig deinem Körper zu. Spüre sein Gewicht, seine Wärme. Gibt es einige Bereiche in deinem Körper, die sich angespannt, gepresst, schwer anfühlen? Gibt es einen Bereich, der sich leblos, eingeschnürt anfühlt? Gibt es Bereiche, die sich weit, geräumig, leicht, kribbelig anfühlen? Hast du ein hohles Gefühl im Bauch? Ein Gefühl von Enge in der Kehle? Ein Spannungsgefühl zwischen den Augen? Ist dein Kiefer entspannt oder angespannt? Welche Qualität hat dein Atem in diesem Moment? Welche Geräusche nimmst du jetzt wahr? Was ist das lauteste Geräusch, das du hören kannst? Welches Geräusch ist am nächsten, welches ist am weitesten entfernt? Kannst du dich neugierig diesem Augenblick zuwenden, dieser gegenwärtigen Szene im

Film deines Lebens, und sie durch die Augen eines Kindes betrachten? Kannst du ihr Zeuge sein, ohne sie bewerten oder verändern zu wollen? Kannst du zulassen, dass dieser Moment so ist, wie er ist, und wenn nicht, kannst du auch das zulassen? Kannst du sogar deinen Widerstand gegen diesen Moment zulassen, deine Nichtakzeptanz, dein „Nein", deine Ablehnung dessen, was ist? Kann *alles* hier einen Platz finden? Der Kummer, die Einsamkeit, die Schwere, die Erschöpfung, die Frustration und sogar die Verzweiflung? Kannst du alles im gegenwärtigen Moment halten, wie eine Mutter ihr kostbares, neugeborenes Kind hält?

Kann es für dich in Ordnung sein,
dass es jetzt, in diesem Moment, nicht in Ordnung ist?

Vielleicht gibt es keinen Fehler, mein Freund. Vielleicht läuft nichts schief. Vielleicht ist die Geschichte, die der Verstand sich über das Leben ausgedacht hat, nur das, eine Geschichte, und du bist hier, bist ganz, vor allen Geschichten. Vielleicht sollst du es nicht wissen und vielleicht *muss* sich das Herz manchmal verschließen, um sich zu schützen, zur Ruhe zu kommen und sich zu verjüngen, damit es sich irgendwann wieder öffnen kann.

Vielleicht bist du *lebendiger*, als du es jemals für möglich gehalten hast.

36
Deine wilde Stimme

Die Wahrheit kommt immer ans Licht.

Du kannst versuchen, die Wahrheit zu unterdrücken, du kannst diejenigen bedrohen, bestrafen, versklaven, kreuzigen, die es wagen, sie auszusprechen, du kannst vor ihr davonlaufen, kannst versuchen, sie zu betäuben, zum Schweigen zu bringen, zu ersticken, zu beschämen, zu verhöhnen, alle erdenklichen Lügen, Winkelzüge und Halbwahrheiten gegen sie ins Feld führen.

Doch am Ende gewinnt die Wahrheit. Immer. Weil die Wahrheit das Leben ist.

Und es braucht Mut, die Wahrheit auszusprechen. Du riskierst vielleicht, deine Lebensgrundlage, deine Beziehungen, deinen guten Ruf, deine weltlichen Besitztümer, deine Freunde, deine Familie, ja sogar dein Leben zu verlieren. Du zitterst vielleicht vor Angst, während du sie aussprichst, bist schweißgebadet, empfindest Übelkeit, hast einen trockenen Mund und bist kurz davor, die Flucht zu ergreifen.

Doch am Ende kannst du sie nicht zurückhalten. Sie ist mächtiger als du. Sie überdauert und überlebt dich. Du wurdest aus ihr geboren und wirst zu ihr zurückkehren. Sie spricht durch dich. Du bist ein Gefäß für die Wahrheit. Und wenn du die Wahrheit erkennst und sie dem Universum und allen, die zuhören, kundtust, spürst du vielleicht auch den Zweifel und die Schuld und die Scham, die damit verbunden sind, das Entsetzen der Verlassenheit, alte Gedanken, die dich warnen, nur ja still zu sein.

Aber du fühlst dich so lebendig. Auf deinem Weg. Im Einklang mit deiner Berufung. Bereit, die Konsequenzen zu tragen, Moment für Moment, Atemzug für Atemzug. Und die, die deine Wahrheit hören wollen, werden sich um dich scharen und du wirst deine wahre Familie erkennen.

Es gibt keine größere irdische Macht, keine mächtigere Kraft des Wandels als dich, wild und von deiner Wahrheit erfüllt.

37

Die tiefere Verpflichtung der Liebe

Wir wollen uns nicht jetzt sofort einer gemeinsamen Zukunft verpflichten, mein Geliebter. Die Zukunft ist vollkommen unbekannt und wir sind lebendig und in ständiger Veränderung begriffen, und wir sind es müde, so zu tun, als würden wir sie kennen.

Wir wollen uns der *Präsenz* verpflichten. Wir wollen uns der *Begegnung* im Feuer des Jetzt verpflichten. Dazu, einander zu *erkennen* und zuzulassen, dass wir erkannt werden. Den Weg der Heilung zu *gehen*, wohin er uns auch immer führen mag.

Uns selbst und einander die Wahrheit zu sagen.

Unsere Gedanken und Gefühle sind in ständiger Veränderung begriffen und unkontrollierbar wie ein wilder Ozean der Liebe. Unsere Wünsche kommen und gehen. Unsere Träume werden geboren und sterben in jedem Augenblick. Wir wollen uns heute keiner Form der Liebe verpflichten. Formen verändern sich ständig wie Ebbe und Flut. Wir brauchen die alte Sicherheit jetzt nicht. Wir wollen eine tiefere Verpflichtung eingehen, die nicht gebrochen werden kann. Wir wollen uns *der Liebe selbst* verpflichten. Der Präsenz. Der Begegnung im Hier und Jetzt. Wir wollen die Verpflichtung eingehen, uns ganz einzubringen und uns ganz zu zeigen. Heute die Wahrheit zu sagen. Zu wissen, dass unsere Wahrheit sich morgen ändern kann. Einander zuzuhören. Uns vor der Erfahrung des anderen zu verbeugen, selbst wenn unser Herz gebrochen und empfindsam ist, selbst wenn wir im anderen den tiefsten Schmerz, die tiefste Enttäuschung, die tiefsten Bedürfnisse und Sehnsüchte auslösen.

Wir wollen uns verpflichten, unserem eigenen Schmerz zu begegnen. Es erfordert Mut, einander zu lieben! Ja! Denn die Liebe ist ein Feld, keine Form. Wir wollen uns dem Feld verpflichten, uns in jedem Moment unserer unendlich kostbaren Tage auf der Erde an das Feld erinnern, uns dem Feld widmen, dem ewigen JETZT.

Vielleicht sind wir in zehn Jahren noch immer zusammen. Vielleicht haben wir Kinder. Vielleicht leben wir zusammen, vielleicht leben wir auch getrennt. Vielleicht sehen wir einander niemals wieder. Dies kann unser letzter Tag sein. Wenn wir ehrlich sind, *wissen wir es wirklich nicht*. Das Nichtwissen ist unser ZUHAUSE. Wenn unsere Augen offen sind, wenn wir wach sind, leben wir sehr nahe am Leben, sehr nahe am Tod, sehr nahe an der Unsicherheit, sehr nahe am Verlust. Doch genau an diesem Ort finden wir große Lebendigkeit – am Rande der Dinge. Wo alles stets neu ist. Wo wir ständig von uns selbst und voneinander überrascht werden.

Wir mögen Freunde sein oder Liebende, Fremde oder Familie. Vielleicht ist unsere Beziehung auch unbestimmt, nicht in erzählender Form darzustellen, unsere Liebe nicht in Worte zu fassen. Hier, am Rande des Bekannten, auf der Linie, die einst die Vernunft vom Wahnsinn und den Zweifel von der Gewissheit getrennt hat, spielen wir, tanzen wir, trinken wir Tee, berühren wir einander, weinen wir, lachen wir, begegnen wir einander. Wir opfern Bequemlichkeit und Vorhersagbarkeit. Doch was wir gewinnen, ist wahrhaft erstaunlich: *das Gefühl ungeheurer Lebendigkeit*. Nicht länger taub gegenüber den Geheimnissen der Liebe, den Geheimnissen unseres Körpers. Vielleicht ein wenig wund. Vielleicht ein wenig zittrig. Vielleicht ein wenig desorientiert, aber vielleicht ist das der Preis vollkommener Freiheit. Vielleicht sucht ein alter Teil von uns noch immer nach Mutter oder Vater, nach dem Zaubermenschen, der uns niemals verlässt, uns alle Antworten gibt und uns die entsetzliche Einsamkeit nimmt, die wir tief in unsere Eingeweide verbannt haben. Auch diesen verängstigten Teil zu lieben, uns auch vor diesem Teil zu verbeugen, aber nicht mehr von ihm beherrscht zu werden.

Und sie werden fragen: *Was ist mit deiner Zukunft? Warum hast du Angst davor, dich zu verpflichten? Warum läufst du vor der Sicherheit davon? Vor der Bequemlichkeit? Der Zukunft? Der Gepflogenheit? Dem Bekannten?* Sie werden sagen, dass du verrückt bist oder dass du nicht verstehst, was Liebe ist, oder dass du dich verirrt hast oder dass du lieblos und selbstsüchtig bist, und du wirst lächeln und ihre Angst verstehen, denn ihre Angst war einmal deine Angst, und du kannst deinen Weg jetzt nicht aufgeben. Und niemand muss mit dir gehen. Niemals.

Irgendwann wird dich nur noch die WAHRHEIT befriedigen. Eine lebendige WAHRHEIT, die sich Augenblick für Augenblick erneuert, die wilde WAHRHEIT des Herzens.

Wenn die LIEBE und die WAHRHEIT EINS sind und wenn die VERPFLICHTUNG tief im Atem verankert ist, können wir einander endlich ohne Groll begegnen und in Sonnenuntergänge voller Melancholie hinein bersten, in der tiefsten Freude gehalten.

Allein gehen, gemeinsam, allein.

38

Die Einsamkeit trägt ihr Heilmittel in sich selbst

Je mehr du dich in die Präsenz hinein ergibst, in diese existenzielle Freiheit, die dein Geburtsrecht und dein wahres Zuhause ist, und je mehr du dich aus dem Verstand und seiner unendlich komplexen Konditionierung heraus entspannst, und je mehr du die Rollen und die Aktivitäten ablegst, die du gewohnheitsmäßig benutzt, um dir selbst zu entkommen, umso mehr begegnest du den nackten Sehnsüchten, Ängsten und Unsicherheiten, vor denen du immer davongelaufen bist.

Du hast immer in einem von Natur aus unsicheren Kosmos nach Sicherheit gesucht.

Je mehr du deine Identifikation mit der Geschichte aufgibst, umso mehr hast du vielleicht das Gefühl, dein Zuhause und den Boden unter den Füßen zu verlieren. Doch das ist nicht schlecht. Bodenlosigkeit ist der Weg, die Wahrheit, das Leben. Sie erlaubt dir, dich mit der reinen Freiheit tief vertraut zu machen. Buddha lehrte, dass es keinen Boden gibt. Nirgendwo. Dass es nichts gibt, woran du festhalten könntest. Kein Zuhause. Keine Rast für den Suchenden. *Außer* in der Präsenz. *Außer* im Atem. *Außer* im Feld wahrer Akzeptanz. Der Verstand ist kein Boden für dich.

Die Erfahrung der Freiheit birgt Einsamkeit und ein Gefühl von Verlust in sich. Es ist die Einsamkeit reiner Meditation, der Verlust einer fest gefügten Welt. Es ist die Einsamkeit ferner Planeten, die in unendlicher Nacht kreisen. Es ist die Einsamkeit, die damit verbunden ist, stets am Punkt reiner Schöpfung zu stehen. Es ist die Einsamkeit, die damit verbunden ist, die bekannte Welt zu verlassen und sich den kostbaren flüchtigen Momenten zu stellen. Es ist die Einsamkeit, die im Kern jedes Lebewesens existiert, die Einsamkeit, die der Erkenntnis gleichkommt: „Ich lebe und ich sterbe und ich kann dieses GEHEIMNIS nicht allein lösen und niemand kann es für mich lösen und niemand kann für mich atmen, für mich lieben, für mich sterben …“

Dies ist eine heilige Einsamkeit, ein heiliges Gefühl von Verlust, das weder schlecht noch falsch, gefährlich, sündhaft, beschämend oder ein Zeichen dafür ist, dass mit dir etwas nicht in Ordnung ist oder dass du in irgendeiner Weise unvollständig bist. Es ist in Wirklichkeit eine nährende, tröstende, erholsame, lebensspendende Energie, eine missverstandene Pforte zu Frieden, Selbstliebe, Zufriedenheit und Freude. Es ist eine Einsamkeit, die dich niemals verlässt, die nicht davon abhängig ist, wie viele Menschen um dich sind, wie „beliebt“ du bist oder wie viele „Fans“ du hast. Es ist eine Einsamkeit, die tatsächlich in das SEIN selbst eingebaut ist, die dich von Moment zu Moment nach Hause zurückruft. Zurück ins Hier. Zurück in den Körper. Zur Erde. Zum sich entfaltenden Tag. Zum Wunder der Dinge. Zum schmerzlich grünen *Grün* des Grases im Frühling. Zum unvorstellbar blauen *Blau* des Sommerhimmels. Zur jedes Denken sprengenden Ehrfurcht vor der Schöpfung. Zu der Schönheit, die du nicht in Worte fassen kannst, der Schönheit, die nur für einen Augenblick existiert, der Schönheit, die du nicht greifen kannst.

Heraus aus dem Verstand und hinein in diese Präsenz! In diese innige Nähe zum Leben. Diese Einsamkeit trennt oder isoliert dich nicht, sondern verbindet dich in Wirklichkeit zutiefst mit allen Dingen. Es ist eine gesunde Einsamkeit und es erfordert Mut und Kraft, bei ihr zu bleiben und nicht in gewohnheitsmäßige Ablenkungen zu flüchten.

Es ist die Form von Einsamkeit, der sich am Ende jeder stellen muss, der den Weg wahrer Meditation geht.

Wenn du dich also nicht länger in die Süchte flüchtest, die dir helfen sollen, der Einsamkeit zu „entkommen“, sondern dich stattdessen mit der Einsamkeit vertraut machst, sie nährst, sie hältst, liebevoll in sie hineinatmest, sie verstehst, mit ihr sprichst, sie hereinbittest, sie malst und singst und tanzt, dann verstehst du die Einsamkeit jedes menschlichen Herzens, die unauflösbare Sehnsucht nach Gott und Ruhe und Liebe und Sicherheit im Seinskern aller Menschen, und dein Herz bricht voller Mitgefühl auf *und du bist nicht mehr einsam*. Du kommst aus der Geschichte der Trennung, aus dem spannenden Film mit dem Titel „Man hat mich alleingelassen“ heraus und verbindest dich auf eine tiefe Weise mit der überaus mitfühlenden und wohlwollenden Einsamkeit des Seins, die reine Freiheit ist.

Du begegnest dem „Einsamen“ in dir und liebst ihn, sodass er nicht mehr länger einsam ist.

Du berührst das Leben am Punkt der Schöpfung.

Die Einsamkeit trägt ihr Heilmittel in sich selbst. Tauche in sie ein.

39

Brief an Vincent van Gogh

Es hätte mir gefallen, dir zu begegnen, Vincent. Mit dir dort an der Schwelle zu stehen, an der das Formlose zur Form wird, dich an dem schwindelerregenden Abgrund zu halten, an dem wir in das Leben eintreten und an dem das Leben in uns eintritt, ohne Schutz, ohne Antworten. Das Feld, das alle wahren Künstler kennen und fürchten, von dem sie angezogen werden, vor dem sie fliehen und zu dem sie am Ende doch zurückkehren, weil ihnen keine andere Wahl bleibt, als *mitzuwirken*. Das Feld, in dem das Selbst und die Welt und andere Menschen sich auflösen und es nur noch leuchtend gelbe Sonnenblumen und Ewigkeiten tanzender Weizenfelder und leuchtende Himmel voller Sterne und aberwitzig in Weiß und Blau und allen erdenklichen Grüntönen tosende Meere und keinen Ort gibt, den du Zuhause nennen könntest, außer dort im Schauen selbst. Eine Welt am Rande der Tränen, am Rande der Sterne, niemand, der versteht außer dem, der aufhört, verstehen zu wollen.

Das Schauen. Das Schauen! Eine Haaresbreite vom Wahnsinn entfernt, eine Haaresbreite von der Ekstase! Ich hätte dich dort gerne gehalten, mein Freund. Dich daran erinnert, dass du in Sicherheit bist. Dass deine Einsamkeit heilig und deine Verzweiflung nicht schändlich und selbst deine dunkelsten Geheimnisse, Bedürfnisse und Fantasien keine Fehler waren, keine verdammten Fehler oder Zeichen deines Versagens oder Belege für deine Krankheit oder Beweise dafür, dass du nicht für diese Welt gemacht warst. Nein, deine menschlichen Fehler waren nichts anderes als Kunst, *die Kunst der Zukunft*, wie du sie genannt hast, in der der Bauer König ist und selbst der gewöhnlichste Augenblick ungeheure Weite in sich birgt. Die zukünftige Kunst, jede verdammte Schattierung unserer unvollkommenen Menschlichkeit als einen Ausdruck von Göttlichkeit zu sehen, derselben Göttlichkeit, die auch die Weizenfelder beseelt hat, in die du tagelang verschwunden bist, malend, unaufhörlich malend, auf ewig malend. Auch deine *Gefühle* waren Sonnenblumen, weißt du, deine Freude und dein Schmerz waren so wunderbar und lebendig wie die Sternennächte und die Meere voller Farben und Licht und aufregender Bewegung, und all die merkwürdigen Empfindungen, die deinen Körper durchströmten, die Traumen, die du niemals ganz berühren konntest, auch sie waren schön, Vincent, und ungefährlich. Jedenfalls für mich. Und auch für viele andere, die diesen seltsamen Weg des Erwachens gehen. Du hattest eine Familie, der du niemals begegnet bist. Ich wünschte, wir wären uns begegnet.

In einem Weizenfeld bei Auvers hast du an einem kühlen Sommerabend alle Hoffnung verloren oder vielleicht eine so große und unerreichbare Hoffnung erahnt, dass dein Geist schließlich brach und du dir mit einem Revolver in die Brust geschossen hast und dein Herz zwei Tage später in einem kleinen Dachzimmer stehen blieb und du unendlich wurdest. Oder das Unendliche holte dich zurück, zurück zu deinen geliebten Weizenfeldern, nun jedoch untrennbar mit ihnen verbunden, zurück zum Licht, zurück zur Mutter, zurück nach Hause und du fandest eine tiefe Ruhe, wie du sie in deinem kurzen Leben niemals gekannt hast.

In dem winzigen Zimmer umgaben sie dich mit Sonnenblumen und gelben Dahlien und deinen letzten Gemälden und sie weinten und erinnerten sich und eine Kirche hätte dich ohnehin nicht fassen können.

Du warst siebenunddreißig Jahre alt.

Ich glaube nicht, dass du wahnsinnig warst. Ich glaube, dass du zu lebendig warst für diese Welt. Heuhaufen, Kartoffelesser, Prostituierte und Baumwurzeln haben dich zu Tränen gerührt. Ich glaube, dass du zu tief geschaut hast und zu leidenschaftlich gefühlt hast und dass du hier kein Zuhause gefunden hast, weil die Anziehungskräfte von Himmel *und* Erde dich unaufhörlich entzweigerissen haben. Und ich glaube, dass niemand dir jemals beigebracht hat, dich zwischen beiden zu halten, so wie du das sich stetig verändernde Sonnenlicht über den Heuhaufen gehalten hast.

Ich hätte dich einfach gerne gekannt, mein Freund. Das ist alles.

Hab Dank für deinen Mut. Hab Dank dafür, dass du uns hilfst zu sehen.

Hab Dank für die Sonnenblumen, die Schwertlilien, die Weizenfelder, den Mandelbaum, die Sternennächte.

40

Die Stille im Chaos

Deine Füße schmerzen. Du warst den ganzen Tag auf den Beinen. Du stehst in einer langen Warteschlange vor dem Fahrscheinautomaten und gerade kam die Durchsage, dass dein Zug verspätet ist. Du spürst, wie deine Frustration wächst. Ungeduld, Verärgerung, Verzweiflung.

Widerstand gegen den Moment, gegen das, was ist.

Plötzlich erinnerst du dich, dass du atmest. Und dass es jetzt ist. Und dass du dich immer nur einem Jetzt stellen musst. Und du spürst deine müden Füße, statt über sie nachzudenken. Du schenkst ihnen ein wenig Aufmerksamkeit, die Liebe ist. Und du spürst die Frustration im Brustkorb und im Bauch, statt diese unschuldigen Empfindungen auslöschen zu wollen.

Und du nimmst das Gewicht deines Körpers wahr, spürst, wie er sanft in der Schwerkraft ruht, getragen von der heiligen Erde.

Und du spürst, wie dein Bauch sich ausdehnt, sich beim Einatmen langsam hebt. Sich beim Ausatmen senkt. Und die vielen Geräusche, die dich umgeben, sind jetzt unschuldig. Und die Gedanken, die in deinem Kopf umherschwirren, sind nur kleine Vögel, die ihr Lied singen, davonflattern.

Und es ist alles in Ordnung. Es ist alles in Ordnung. Es ist alles jetzt. Es ist alles in Ordnung.

Obwohl es nicht in Ordnung ist, ist es *in Ordnung.*

Es ist in Ordnung, dass das Leben *so* ist, wie es jetzt ist.

Und du findest die Dankbarkeit wieder. Du bist am Leben und dir wurde ein Tag geschenkt. Ein Tag, um zu leben. Ein Tag, um zu atmen, um die menschliche Erfahrung zu kosten, ihre Freude und ihren Kummer zu kosten, Bahnhöfe und Fahrscheinautomaten und die Glückseligkeit und die Langeweile zu kosten, die Frustration und die Eile und das Rauschen zu kosten, die Albernheit und das Getöse und die Anstrengung und das Chaos zu kosten.

Du bist bereits hingegeben. Und du sitzt im Zug nach Hause, im Vertrauen auf einen unfassbar uralten Fahrplan.

41

Der Weg des gebrochenen Herzens

„Kläre deine Schwingung und du hörst auf, negative Dinge anzuziehen."

„Wenn du Ängste hast, wenn du im Widerstand bist, wenn du Wut, Zweifel und Scham empfindest, dann bist du in deinem Ego gefangen und alles andere als erleuchtet."

„Wenn du glaubst, dass das, was jemand anderer sagt oder tut, ein Problem ist, bist immer du derjenige, der verwirrt ist."

„Es ist alles nur deine Projektion. Es spielt sich alles nur in deinem Kopf ab. Es ist alles unwirklich."

„Du hast den Schmerz angezogen, weil du ihn wolltest und ihn verdient hast."

„Du bist dem Körper zu sehr verhaftet. Gehe über ihn hinaus. Du bist nicht dein Körper."

„Die Vergangenheit ist eine Illusion. Lasse sie sofort los!"

Nein, es ist nicht *immer* deine Projektion. Manchmal siehst du tatsächlich überaus klar.

Nein, es ist nicht immer alles „nur in deinem Kopf". Manchmal musst du deinem Bauchgefühl mehr und nicht weniger vertrauen.

Nein, deine Zweifel und Ängste sind kein Zeichen dafür, dass du unspirituell bist.

Nein du ziehst Missbrauch nicht durch eine falsche „Schwingungsfrequenz" an.

Nein, du verdienst es nicht, in irgendeiner Form verletzt zu werden, weder im Namen der Wahrheit noch im Namen Gottes, im Namen der Liebe oder in irgendeinem anderen Namen. Deine Grenzen verdienen es, dass man sie achtet, dein „Ja" *und* dein „Nein" gleichermaßen.

Nein, es ist nicht in Ordnung, wenn spirituelle Lehrer andere Menschen „zu ihrem eigenen Wohl" beschämen (um sie wachzurütteln, sie zu erleuchten, ihnen zu helfen, ihr „Ego" loszulassen).

Ich kann keine Form von Spiritualität unterstützen, die unsere verletzliche, zerbrechliche, zarte Menschlichkeit ablehnt, die uns wegen unserer kostbaren menschlichen Gedanken und Gefühle beschämt, die das Selbst vom Nichtselbst, das Göttliche vom Menschlichen, das Heilige vom Weltlichen, das Absolute vom Relativen, Himmel und Erde, Dualität und Nichtdualität trennt.

Ich habe einmal miterlebt, wie ein bekannter spiritueller Lehrer eine Frau ansprach, die kurz zuvor ihren Sohn verloren hatte. Er sagte: „Dein gebrochenes Herz ist unwirklich und entspringt einzig und allein dem getrennten Selbst. Du bist reines GEWAHRSEIN und sonst nichts. Dein Sohn und sein Tod sind nur eine überzeugende Illusion des Geistes. Eines Tages wird das getrennte Selbst und mit ihm auch alles Leiden verschwinden."

Und in diesem Moment sah ich die tiefe Abartigkeit und Unmenschlichkeit, die im Herzen der modernen Spiritualität verborgen liegen. Die Nichtigerklärung von Traumen, die falschen Versprechen, die Machtspiele, die Unterdrückung des göttlichen Weiblichen.

Und ich gelobte, mich vor diesem gebrochenen Herzen zu verneigen, als sei es die Göttin selbst.

Bis zum Ende der Zeit.

42

Wilde Hingabe an eine brennende Welt

Wir sind die Gefäße, meine Geliebte, die Behälter, das Formlose und die Form. Ganze Galaxien gebären sich in unseren gewaltigen Bäuchen! Wir sind erfüllt von Löwengebrüll, von unerfüllten Sehnsüchten unserer Ahnen, von Müttern, Söhnen, den Lebenden und den Toten, den Schreien einer noch ungeborenen Welt.

Unsere Körper sind jetzt ineinander verschlungen, klebrig, verschwitzt, mit der Erde verschmelzend, von der Erde durchdrungen, Kohlenstoff, Wasserstoff, Sauerstoff, der gegenwärtige Moment, der zerfällt, Raum, der zu unendlicher Zeit wird, seltsame Bestien, die kämpfen, Natur, die sich selbst verschlingt, Tod als Leben.

Ich bin du und du bist ich, ewig.

Unsere Herzen sind aus Donner, unsere Gliedmaßen aus Blitzen gemacht. Wir geben uns nicht mit einfachen Antworten zufrieden. Wir bleiben nahe am Puls des Lebens, seinem Klopfen und Zittern, dem Donner und dem Licht. Wir brechen uns selbst tagtäglich auf dem Altar der Erfahrung, brechen in Stücke für die Liebe, zerbrochen und erfüllt und zerbrochen, immer wieder, unerbittlich, unaufhörlich, gefangen in dieser erotischen Vereinigung bis zur Erschöpfung, bis zum Höhepunkt, der uns noch weiter öffnet, immer weiter öffnet, durchströmt von einer enorm großen Kraft, enorm großer

Freude, Schmerz, Glückseligkeit, Melancholie in einem ekstatischen Tanz von Nähe und Trennung, Sehnsucht und Liebe, Schatten und Sonne.

Hier wollen wir uns begegnen, noch vor unseren klugen Philosophien, vor den Maschinen, vor der Erde selbst, in vollkommenem Staunen darüber, dass es uns gibt, dass es uns überhaupt gibt.

Ja, meine Geliebte, sie können uns beschämen, uns unzivilisiert nennen, uns einsperren, aber sie können uns nicht unsere Wildheit nehmen, können unsere Hingabe an eine brennende Welt nicht zerstören!

43
Der Angst begegnen

Ich habe mit einem jungen Mann gesprochen, der von Angst gequält wurde. Er hatte das Gefühl, auf der Stelle zu treten, in seiner Kreativität gehemmt zu sein, von inneren Dämonen zurückgehalten zu werden. Er träumte davon, ein Buch zu schreiben, seine Wahrheit und seine künstlerische Begabung mit der Welt zu teilen. Doch immer wenn er sich mit dem Gedanken trug, den nächsten Schritt auf seinem Herzensweg zu gehen, verkrampfte sich sein ganzer Körper und er wurde fast wahnsinnig vor Angst und Scham. Zahllose Bilder und Stimmen in seinem Kopf, die ihm rieten, die Sache aufzugeben, die sich ausmalten, was alles schieflaufen würde, und die ihn warnten, dass die Menschen negativ über seine Arbeit urteilen würden. Man würde ihn ablehnen, verurteilen und verspotten und das war mehr, als er ertragen konnte. Allein der Gedanke daran, das zu tun, was er liebte, überforderte ihn. Also versteckte er sich vor dem Leben und vor seiner Berufung, war manchmal sogar außerstande, das Haus zu verlassen, war traurig und gelähmt.

Ich fragte ihn, ob er bereit sei, gemeinsam mit mir einen Schritt in seine tiefste Angst zu wagen.

Er bejahte.

Ich lud ihn ein, sein Bewusstsein auf die zahllosen Stimmen und Bilder in seinem Kopf zu lenken, der Raum zu sein, in dem alle diese

Gedanken entstehen konnten. Er sollte sich der Stimmen weder entledigen noch sie zum Schweigen bringen, sondern sie einfach als alte Stimmen aus seiner Kindheit betrachten, als beschämende, ängstliche Stimmen, die ihn in Wirklichkeit nur „beschützen" wollten, die ihn kleinhalten und für seine Sicherheit sorgen wollten. (Letztlich waren es nicht einmal „seine" Gedanken und Stimmen. Es waren Stimmen, die sein Vater und seine Mutter, deren Eltern und auch deren Eltern gehört hatten. Die Stimmen seiner Vorfahren.) Als erwachsener Mensch, jetzt, in der Sicherheit der PRÄSENZ, in meinem Beisein konnte er diese Stimmen hören, konnte diese angsteinflößenden Bilder anschauen und erkennen, dass sie nicht die WAHRHEIT, sondern nur Schöpfungen seines Verstandes waren.

Er konnte sagen: „Verstand, ich danke dir für deinen Rat, deine gedachte Zukunft, deine Ängste. Aber ich werde nicht länger dein Sklave sein."

Ich bat ihn, seine Aufmerksamkeit nun auf seinen Körper zu richten. Welche Empfindungen wollten beachtet werden? Wo saß seine „Angst"? Er sprach von einer großen Schwere in Brustkorb und Bauch, von einem Gefühl der Enge und des Drucks, das ihn begleitete, so lange er sich zurückerinnern konnte. Ich lud ihn ein, bei den Empfindungen präsent zu bleiben, die er „Angst" nannte, ohne sie „in Ordnung bringen", heilen oder zum Verschwinden bringen zu wollen. Ich lud ihn ein, ihnen Raum zu geben, sie leben zu lassen, in sie hineinzuatmen, sie mit Sauerstoff zu durchströmen, ihnen liebevolle Aufmerksamkeit zuteilwerden zu lassen.

Er berichtete mir, dass die Empfindungen in seinem Körper stärker wurden und sich in Bewegung setzten, als er sich ihnen mit liebevoller Aufmerksamkeit zuwandte. Die Energie wanderte nach oben.

„Jetzt ist sie in meinem Hals, in meinem Kopf …"

„Gut. Lasse es einfach zu. Erlaube ihr, sich zu bewegen. Sie ist ungefährlich …“

„Jetzt ist sie überall … sie ist in meinem ganzen Körper, die Angst, breitet sich aus wie ein Virus …“

„Ja, gut! Bleibe bei ihr. Atme in sie hinein. Sie will sich nur bewegen, will nur beachtet werden. Vertraue dem Prozess …“

„Nein! Ich halte es nicht länger aus! Diese Angst … sie bringt mich um. Sie …“

„John, lebst du noch? Jetzt? In diesem Moment?“

Ich konnte sehen, wie er aus seinem Verstand, aus dem beängstigenden Gedankengebäude seiner Zukunft in die Sicherheit seines Körpers und unseres gemeinsamen Jetzt zurückkehrte.

„Ja, ich bin hier.“

„Dann hat sie dich noch nicht umgebracht. Bist du am Leben? Jetzt?“

„Ja.“

„Ja … jetzt … jetzt ... jetzt … du bist immer noch hier, bei mir, du bist immer noch am Leben …“

Ich konnte sehen, dass er wieder über seine Angst nachdachte …

„Ich hasse sie. ICH HASSE SIE! ICH WERDE …“

„Ja! Und du bist immer noch hier. Jetzt. Ich bin bei dir, John. Wir sind hier. Lasse einfach …“

Und plötzlich fiel sein ganzer Widerstand gegen die Angst von ihm ab. Er hörte auf, über die Zukunft nachzudenken, und fiel in seinen Körper und in ein tiefes VERTRAUEN hinein. Die Angst war immer noch in ihm lebendig, aber jetzt war er größer als sie. Er war nicht in der Angst, sondern die Angst war in ihm. Die Angst hielt ihn nicht länger – er hielt sie.

Er war der Raum für die Angst.

„Siehst du, du lässt die Angst zu und du lebst und atmest trotzdem noch! Das ist deine Kraft, deine Fähigkeit, bei der Angst präsent zu sein, sie zu halten, ihr Raum zu geben ...“

„Ich bin noch hier. Sie hat mich nicht umgebracht. Ich dachte, ich würde sterben.“

„Wie fühlst du dich jetzt, John?“

„Zitterig ... warm ... kribbelig ... lebendig ...“

Er hatte den Mut gefunden, sich dem Unerträglichen in sich zu stellen. Und er war imstande gewesen, es zu ertragen, auf eine wunderbare Weise, ohne Anstrengung.

„Ja. Jetzt weißt du es. Du weißt, wie du der Angst begegnen kannst. Starre ihr ins Gesicht. Bleibe bei ihr präsent. Vertraue ihr. Lasse zu, dass sie sich in dir vollendet. Angst ist *sicher*. Dein Körper weiß, was er tun muss. Angst kann dich nicht verletzen, John. Natürlich kann sie sehr stark, unangenehm, beängstigend sein, aber sie kann den, der du wirklich bist, nicht verletzen.“

„Ja. Ja. Ich kann jetzt meinen ganzen Körper spüren. Er ist warm, zittrig, lebendig. So habe ich mich noch nie gefühlt ...“

Etwa einen Monat später erhielt ich eine E-Mail von John. Er hatte mit der Arbeit an seinem Buch begonnen. Er hatte sogar einen Blog ins Leben gerufen, hatte begonnen, seine Worte mit anderen Menschen zu teilen. Ja, manchmal kamen die alten Ängste noch in ihm hoch, Stimmen im Kopf und unangenehme Empfindungen im Körper, aber jetzt war er bereit und in der Lage, bei diesen verängstigten Selbstanteilen *präsent* zu sein. Und er war in der Lage, durch die Angst hindurch *zu schreiben*. Sie brauchte ihn nicht zu blockieren oder daran zu hindern, seiner Berufung zu folgen. Sie konnte auf seiner heldenhaften Reise ein Verbündeter sein, kein Gegner mehr, sondern etwas, dem er begegnen, auf das er sich neugierig einlassen und das er mit einem spielerischen Bewusstsein durchtränken konnte, wenn es zu Besuch kam. Der angsterfüllte kleine Junge in ihm war kein Fehler, keine Krankheit und auch kein Problem, das gelöst werden musste, sondern wollte geliebt, umarmt, gesegnet und gewürdigt werden, wenn er zu Besuch kam.

John hatte sich seiner tiefsten Angst zugewandt, hatte sich der Dunkelheit gestellt, von der er glaubte, sie würde ihn zerstören … und stattdessen hatte sie ihm neues Leben, neue Kreativität gebracht.

44

DER GELIEBTE

Ich muss etwas gestehen. Ich bin ein Mörder.

Warte einen Moment. Sei nicht schockiert. Ich sage dir nur etwas, das du bereits lange vor der Geburt deiner Eltern wusstest.

Ich bin ein Mörder. Ich bin ein Heiliger. Ich bin eine Hure. Ich bin ein Dieb. Ich bin der obdachlose Mann, der die Mülltonnen an der Tankstelle durchwühlt, an der du auf dem Heimweg von der Arbeit jeden Abend vorbeikommst. Ich bin ein Vandale. Ich bin ein Künstler. Ich bin ein Liebender. Ich bin alle Ozeane. Ich bin Schöpfung und Zerstörung. Ich bin die Galaxien und die Sterne.

Ich bin eine Giraffe. Ich bin Micky Maus. Ich bin das verhungernde Kind im Fernsehen mit den leeren, aufgerissenen Augen, in die du nicht lange schauen kannst, bis dein Herz bricht. Ich bin alles, was dich bewegt, und alles, was dich kalt lässt. Ich bin ein Popidol. Ich bin Mozarts Zauberflöte. Ich bin so unendlich wie ein Universum. Ich bin winziger als das winzigste subatomare Teilchen. Ich bin still und dennoch so laut wie siebentausend Apokalypsen.

Ich nehme alle Formen an und bin dennoch keiner Form verhaftet.

Ich sage nicht: „Ich bin Form." Ich sage nicht: „Ich bin formlos."

Ich sage nicht: „Ich existiere." Ich sage nicht: „Ich existiere nicht."

Ich bezeichne mich nicht als Gott, Bewusstsein, Gewahrsein, Präsenz, Geist … oder gar LEBEN.

Ich habe keinen Namen für mich. Ich bin anonym.

Und doch sind alle Namen mein Name.

Menschen kämpfen und töten und sterben wegen der Namen, die sie mir gegeben haben.

Sie begründen Religionen, Dogmen, Denksysteme. Sie behaupten, ich sei auf ihrer „Seite". (Ich stehe auf keiner Seite.) Sie sagen, ich gehöre ihnen. (Ich gehöre niemandem und allen). Sie versuchen mich zu verstehen. Sie behaupten sogar, ich zu sein, mich zu kennen, mich zu „channeln". Manche behaupten, DEN EINEN WEG gefunden zu haben, der zu mir führt. Das haben sie immer und das werden sie immer.

Sie wissen nicht. Ihr Verstand ist zu begrenzt.

Und dennoch ist der „Verstand" eine meiner unendlich vielen kreativen Erscheinungsformen.

Ich erscheine als alles, aber wenn du innehältst und nach mir suchst, kannst du mich nicht finden. Ich spiele mit im kosmischen Versteckspiel. Ich erscheine manchmal, wenn du aufhörst, mich zu suchen.

Ich bin diese Worte und alle Räume zwischen den Worten. Ich bin die Stille am Ende der Sätze und die Erwartung an ihrem Beginn. Ich bin das Schwarz und das Weiß, jede Grauschattierung und auch jede Farbe. Ich bin das Verständnis und die Verständnislosigkeit. Ich bin die Ähnlichkeit und der Unterschied. Ich bin die Trennung und die unbeschreibliche Einheit.

Ich bin die Augen, die sich über diese Seite bewegen, und die Seite, die sich über diese Augen bewegt. Ich bin das Sehen und alles, was gesehen wird. Ich trenne mich nicht in Subjekt und Objekt. Trennung ist nicht meine Religion. Ich weiß nichts von einem „Ich“ und dennoch spreche ich von einem „Ich“ aus purer Freude daran.

Ich bin männlich und ich bin weiblich. Ich bin Ost und West. Ich bin innen und außen. Ich spreche jede Sprache fließend. Ich bin alles, was ist, alles, was war, und alles, was jemals sein wird. Ich bin jetzt und ich bin niemals jetzt. Ich kann nicht auf etwas reduziert werden. Ewigkeiten vergehen im Zeitraum eines Atemzuges. Äonen sind mein Lebensblut.

Ich atme dich jetzt.

Ich bin dein Einatem und dein Ausatem. Ich bin jeder heilige, vertraute Atemzug.

Ich bin jeder Gedanke, der aus der unermesslichen Weite hervorgeht und sich in sie hinein auflöst.

Ich bin jedes Gefühl, das kometengleich durch den universellen Körper brandet.

Ich bin Kummer. Ich bin Wut. Ich bin Feuer. Ich bin Wasser.

Ich bin immer hier, ganz gleich, ob ich erkannt werde oder nicht.

Ich bin das „BIN“, selbst dann, wenn das „ICH“ nicht ist.

Ich bin nichts und alles, niemand und jeder.

Ich bin der Mörder. Der Mörder sagt: „Ich bin.“

Ich bin der Heilige. Der Heilige sagt: „Ich bin."

Ich bin die Hure. Die Hure sagt: „Ich bin."

Ich bin das Kind. Das Kind sagt: „Ich bin."

Ich bin der Wissenschaftler. Der Wissenschaftler sagt: „Ich bin."

Ich bin der sterbende Mann. Der sterbende Mann sagt: „Ich bin."

Die Geschichte, die das „Ich" erzählt, ist immer unterschiedlich, ja. Das ist meine schöpferische Kraft.

Aber das „BIN" ist immer gleich. Das ist meine unveränderliche Natur.

Suche nicht nach mir. Suche mich nicht in der Zeit. Sei nicht stolz darauf, dass du mich gefunden hast. Ich bin nicht deine Trophäe. Ich bin keine Nahrung für dein hungriges spirituelles Ego. Gib einfach zu, dass ich bereits hier bin. Gib zu, dass ich schon immer hier war. Und lebe dein Leben als ständige Erinnerung an mich. Verschreibe dich der Freude, ich zu sein. Mache dein Leben zu einem Liebeslied für mich. Bringe mich in deinen Worten und in deinem Handeln zum Ausdruck. Gib mir Form.

Ich bin deine tiefste Weisheit. Ich bin näher als dein tiefstes Alleinsein.

Ich habe dich niemals verlassen. Ich werde dich niemals verlassen. Ich weiß nicht, was Verlassenheit heißt.

Ich werde hier sein, wenn du deinen letzten Atemzug tust.

Du bist mein geliebtes Kind.

Ich war da bei deiner Geburt, habe dich gehalten.

Erinnerst du dich?

45

Ich zeige dir mehr von meinem verrückten Selbst

Worte sind wie Eiscreme.

Ich meine die Art von Eiscreme, die man Astronauten gibt.

Dad hat mir im Souvenirladen des Wissenschaftsmuseums eine Portion spendiert, als ich sieben war. Das Eis war in einem glänzendgrauen Folienbeutel verpackt. Es war trocken und roch nach saurer Milch und Zukunft. Ich glaube, es war seine Art, sich für alles andere zu entschuldigen.

Ich habe ständig Poesie im Kopf. Sie bleibt zu 99,9 % auch in meinem Kopf, denn ihr eine Form zu geben würde das Leben aus ihr heraussaugen. Das sage ich mir zumindest.

Dreißig Jahre später kniete ich am Bett meines Vaters und sang für ihn. Ich bildete mir ein, dass er mich hörte. Vielleicht war er aber auch zu weit fort. Weit draußen im All.

Es machte mir trotzdem Freude, für ihn zu singen.

Die Krankenschwester kam herein und sagte mir, ich solle „stark" bleiben. Ich wusste nicht, was sie meinte. Ich war tränenüberströmt und wider alle Vernunft glücklich, weil es nichts mehr gab, was nicht in Ordnung war. Meine Tränen waren meine Stärke.

Wenn du hunderttausend Meilen von der Erde entfernt bist, ist Eiscreme, die bröckelt, vielleicht besser als gar keine Eiscreme.

Also gut. Du hast gewonnen. Ich zeige dir mehr von meinem verrückten Selbst.

46
Exodus

Würdest du schauen? Und wenn du schauen würdest, würdest du überhaupt sehen?

Ein alter Mann und ein Junge, das Meer, ein verwittertes Café, gehäkelte Deckchen und vergilbte Flugblätter für Tribute-Bands auf der Promenade, die Musik inzwischen verstummt, aber noch immer das nachklingende Versprechen guter Unterhaltung. Getoastete Käse-Sandwiches, Kaffeeringe auf Kunststoff, Reste von Chips unter den Tischen, die vielen Gesichter, die stundenlang stumm beobachten.

Ein Krümel hängt an der Unterlippe des alten Mannes, ein Speichelfaden an seinem Kinn. Beide warten darauf, herunterzufallen.

Der alte Mann beobachtet den Jungen, die Augen zugekniffen, als sehe er etwas, das tief in ihm verschüttet liegt. Der Junge schaut aus dem Fenster und beobachtet einen Vogel, der im Sand an einer blauen Tragetasche pickt, deren Griffe zusammengeknotet sind. Ich glaube, es läuft eine Platte von Cliff Richard. Ich kann es nicht genau sagen. Ich höre nur blecherne Klänge und leise Höhen, die im Rauschen und in den Bässen des Ozeans untergehen. Möglicherweise ist es *Congratulations*.

Ich glaube, ich bin der Junge, und ich glaube, du bist der alte Mann. Ich glaube, es war unser letzter gemeinsamer Tag.

Die Sonne schiebt sich hinter abendschwere Wolken und verschwindet aus dem Blickfeld. Ein Schatten schießt die Promenade entlang wie der Todesengel in dem Bibelfilm, den wir gesehen haben, als ich noch jung genug war, um zu glauben, dass wir große Wasser teilen könnten und die Erstgeborenen gerettet würden, und du immer wieder aufgestanden bist, um süßen Milchtee für mich zu machen. Diese Dinge vergesse ich nicht, auch wenn du vergessen hast. Ein Schauer überläuft mich, der irgendwo zwischen kalt, Dehydrierung und einem zu niedrigen Blutzuckerspiegel liegt. Es war ein langer Tag, an dem wir von Café zu Café gewandert sind und ich dir zugehört habe, wie du gähnst und dich über Cafés und trockenen Kuchen und die Länge der Tage beklagst.

„Warum ziehst du nicht deine Jacke an, Dad? Es wird kühl."

„Ich habe meine Jacke nicht dabei."

„Sie ist auf deiner Stuhllehne. Hinter dir."

Er dreht sich um, berührt die zerknitterte Kapuze, die über der Stuhllehne hängt.

„Das ist nicht meine Jacke, Sohn."

Warten.

„Ah, sie ist es doch."

Sie ist es immer.

Er wickelt sich in die Jacke. Gott, er ist so klein jetzt. Dad, der schrumpft. Man erwartet nicht, dass Väter schrumpfen. Nur Jacken.

Die Zeit vergeht. Gähnen. Ich weiß nicht, ob es Schweigen ist oder nur die Abwesenheit von Worten. Oder ob wir vielleicht auf etwas warten, das noch benannt werden muss.

Zwei Möwen machen sich über ein Thunfischbrötchen im Sand her.

Plötzlich, ohne Vorwarnung: „Weißt du, Sohn, du bist ein guter Junge."

Er streckt die Hand nach mir aus. Er streckt nie die Hand nach mir aus. Ich bin ein guter Junge, sagt er. Er berührt meine linke Hand. Seine Hand fühlt sich hart an, trocken, wie etwas, das über Milliarden von Jahren erodiert und jetzt seinem Wesenskern nähergekommen ist. Zahllose Leberflecken, unerforschte Klüfte, Furchen, die so tief sind wie alles, was er unausgesprochen in sich trägt, Dinge in seinem Herzen, die er nie mitteilen konnte.

„Wir gehen unterschiedliche Wege, mein Sohn. Das ist in Ordnung. Du bist ein guter Junge."

Er drückt meine Hand. Für einen Moment kann ich kaum atmen.

Wir gehen unterschiedliche Wege und es ist in Ordnung und ich bin ein guter Junge.

Die Möwen kämpfen um das Thunfischbrötchen, dessen Bestandteile durch die Luft wirbeln, stürzen sich auf den Salat, den zerdrückten Thunfisch, weiße, gelbe, rote Blitze, wilde Vogelaugen.

„Ja, Dad. Es ist in Ordnung."

„Was denn, mein Sohn?"

„Ich sagte, es ist in Ordnung, dass wir unterschiedliche Wege gehen."

„Was? Oh. Ja, ja."

Er schaut weg. Die Möwen geben auf, flattern weiter zu der Stelle auf der Promenade, zu der das Licht gewandert ist.

Er wischt sich den Mund mit dem Handrücken ab und die Krümel folgen der Schwerkraft.

Er gähnt.

„Komisch aussehende Vögel, oder?"

„Ja, Dad. Sie sind komisch, diese Vögel."

„Congratulations, and celebrations, when I tell everyone that you're in love with me. Congratulations, and jubilations, I want the world to know I'm happy as can be." Die Art von Liedern, die sie an Orten wie diesem spielen, zu dieser Jahreszeit, an Tagen wie diesem.

Wir sind wie Könige, denke ich.

Es gibt keine Sprache des Heiligen.
Das Heilige liegt im Gewöhnlichen.

– Deng Ming-Dao

Weitere Titel aus dem Verlag Via Nova:

Radikales Erwachen

Nimm dich im Alltag ganz an
Jeff Foster

2. Auflage

Hardcover, 256 Seiten, ISBN 978-3-86616-282-2

Jeder spirituell Suchende sehnt sich nach Einssein, Freiheit und bedingungsloser Liebe, „anzukommen" und im Hier und Jetzt vollständig aufzuwachen. Wer es liest, begegnet keinem neuen spirituellen Konzept, keiner Theorie, sondern der Einfachheit, Schönheit und Tiefe einer überwältigenden Erfahrung. Lebensnah, humorvoll, berührend und im besten Sinne radikal in seiner Direktheit zeigt Jeff Foster, wie die vollkommene Akzeptanz des Lebens und der Gefühle zur Freiheit führen und alles verwandeln kann. In jeder Zeile ist spürbar, dass er aus der eigenen lebendigen Erfahrung schöpft, und so geraten wir schon beim Lesen in den erfrischenden Sog der Freiheit.

Umarme dein Leben, wie es ist

Nicht das Glück suchen, sondern glücklich sein
Jeff Foster

Paperback, 304 Seiten, ISBN 978-3-86616-421-5

Jeff Foster kennt die Wege und Irrwege der spirituellen Suche aus höchst eigener Erfahrung und sendet uns in diesem Buch inspirierende Botschaften aus dem unmittelbaren Erleben des Erwachens: Gedichte, Selbstreflektionen und Aufsätze, in denen jederzeit spürbar ist, wie sehr es ihm ein Herzensanliegen ist zu vermitteln, dass das „Ankommen im Jetzt" viel einfacher ist, als wir alle denken. Kann man wirklich in jedem Moment zur Ruhe kommen, ganz gleich, wie hoch die Wellen schlagen? Ja! Jeff Foster zeigt uns, dass das Geheimnis offen vor uns liegt: Vertraue auf die kreative Lebendigkeit und Intelligenz des eigenen Seins! Umarme dich und dein Leben, ganz gleich, wie es sich gerade gestaltet! Liebevoll, tiefgründig, heiter und poetisch - eine großartige Inspirationsquelle für spirituell Erwachte!

Empathie – Ich fühle, was du fühlst

Bin ich ein Empath? So lerne ich meine empathischen Fähigkeiten anzunehmen und in Balance zu leben
Dr. Stephanie Red Feather

Klappenbroschur, 320 Seiten, ISBN 978-3-86616-484-0

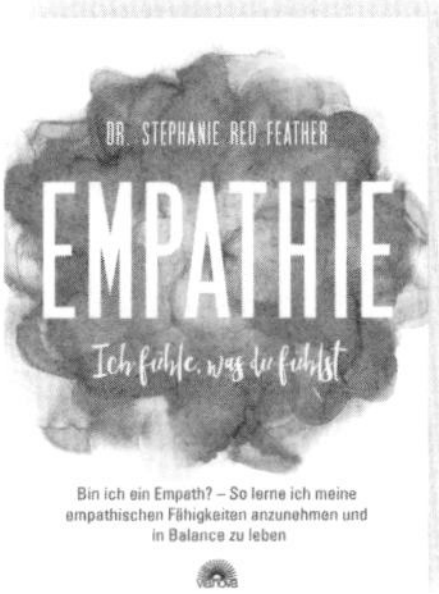

Kennen Sie das? Oft werden Sie von dem, was Sie wahrnehmen, spüren, empfinden und fühlen, vollkommen überwältigt. Und manchmal wissen Sie nicht, ob Sie sich selbst oder andere Menschen fühlen. Wenn Ihnen das vertraut vorkommt, sind Sie wahrscheinlich ein Empath! Extrem sensibel und empfänglich für subtile Energien, Emotionen und Schwingungen. Die Schamanin und Empathin Stephanie Red Feather hat ein halbes Leben gebraucht, um dieses Phänomen bei sich zu erforschen und herauszufinden, welch riesiges Potenzial Empathen in sich tragen. Daraus ist dieses Buch entstanden. Ein grandioser Leitfaden mit wertvollem Wissen sowie vielen Techniken und praktischen Übungen, die Empathen befähigen, in ihre Kraft und Mitte zu kommen und bewusst ihre Gaben und Herzqualitäten für sich und andere einzusetzen.

Die stärkende Kraft der Meditation – innere Ruhe und Klarheit gewinnen

Paramhansa Yogananda

Taschenbuch, 128 Seiten, ISBN 978-3-86616-441-3

Dieses Buch des weltberühmten Yogameisters Paramhansa Yogananda (Autor von „Autobiografie eines Yogis") ist ein „Juwel der Weisheit", denn es zeigt uns klar und direkt den Pfad zu wahrer innerer Kraft und Stärke und legt dar, wie wir als Menschen unser größtmögliches Potential realisieren können Denn alles, was wir suchen, ist schon da: in uns selbst, ein „göttlicher Samen", der nur befreit werden muss von inneren Hindernissen, negativen Gedanken und belastenden Gefühlen. Die hier erstmals in deutscher Sprache veröffentlichten Texte mit vielen praktischen Übungen, Affirmationen und Meditationen weisen den Weg in eine neue Dimension des eigenen Lebens. Ein Buch für alle, deren sehnlichster Wunsch es ist, rückhaltlos ihre höchste Bestimmung zu leben und ihr ganzes inneres Licht strahlen zu lassen!

Über den eigenen Schatten springen

Vom Ego in die Liebe zum Leben

Claus Eurich

Hardcover, 224 Seiten, ISBN 978-3-86616-315-7

Leben wir in einer Zeit des Übergangs? Vieles spricht dafür! Alte Denkweisen und Handlungsstrategien scheinen den heutigen Herausforderungen der Menschheit nicht mehr gerecht zu werden. Was braucht es also für den nächsten Schritt der menschlichen Evolution? Jedenfalls ein grundlegend neues Verständnis über das Menschsein, der psychologischen, philosophischen und spirituellen Hintergründe seiner bisherigen Entwicklung und vor allem: heilsame Einsichten und Erkenntnisse! Dies alles finden Sie in diesem Buch, das uns im Tiefsten erinnern lässt an die großartigen schöpferischen Potentiale, die in uns stecken, wenn wir nur lernen, unser Ego-Bewusstsein zu transzendieren. Entdecken Sie notwendig neue und heilsame geistig-spirituelle Horizonte – tiefgründig, empathisch, hoffnungsvoll!

Hochsensibel – Was tun?

Kartenset mit 52 Mandala-Karten und Begleitheft

Sylvia Harke

Begleitheft, 76 Seiten, ISBN 978-3-86616-458-1

Mit ihrem Bestseller „Hochsensibel – Was tun?" hat Sylvia Harke Tausenden von hochsensiblen Menschen die Augen geöffnet über das wahre Wesen ihrer außergewöhnlichen Feinfühligkeit und Begabung. Das hier vorliegende Kartenset, das speziell auf die Bedürfnisse Hochsensibler abgestimmt ist, kann dabei eine anregende Unterstützung sein. 52 Karten mit positiven Affirmationen sowie hilfreichen Übungen im exklusiven Begleitheft. Eine wunderbare Inspirationsquelle, die allen feinfühligen Seelen kostbare Impulse und hilfreiche Strategien vermittelt, um ihre Hochsensibilität zu bejahen und ein Leben zu führen, das ihren ureigensten Bedürfnissen entspricht.

Partnerschaft und spirituelles Leben

Gemeinsam in ein höheres Bewusstsein

Chuck Spezzano

Hardcover, 272 Seiten, ISBN 978-3-86616-329-4

Mit gewohnt durchdringender Bewusstseinsklarheit und mitfühlender Menschenkenntnis öffnet der weltberühmte Weisheitslehrer mit den Botschaften dieses Buches unsere Herzen und unsern Geist für ein tiefes spirituelles Verständnis von Partnerschaft. In seiner unvergleichlichen Weise erinnert er uns daran, im Anderen, in uns selbst und in allen Prozessen, die in der Begegnung stattfinden, das Göttliche zu erkennen. Welche Widerstände und Schwierigkeiten wir auch immer in und durch unser Partnerschaft erfahren, sie sind die großen Wegweiser für unsere Heilung. Und wahre Heilung kann nur in und durch die Liebe geschehen. Dieses grandiose „Meisterwerk der Liebe" zeigt uns, wie wir gemäß unserer göttlichen Natur ein erfüllendes Miteinander leben können.

Gelassenheit ist der Schlüssel zum inneren Frieden

Kraftgebende Impulse für jeden Tag

Urs-Beat Fringeli

Hardcover, 384 Seiten, ISBN 978-3-86616-485-7

Kennen Sie das Geheimnis von Glück, Gelassenheit und innerem Frieden? Das Geheimnis ist, dass es kein Geheimnis gibt! Urs-Beat Fringeli hat schon viele Bücher geschrieben und jahrzehntelang Glücksforschung betrieben, seine Botschaft ist einfach und deshalb so real: Glück und Gelassenheit sind keine Zufallsprodukte des Lebens, sondern Entscheidungen, die wir treffen. Und dieses Buch zeigt Ihnen, wie es gelingt. Jeden Tag aufs Neue können Sie Ihr Leben in die Hand nehmen und sich entscheiden – für die positiven Seiten des Lebens, Freude, Gelassenheit und Glück. Wunderbare Herzensinspirationen, zeitlose Betrachtungen und Weisheiten navigieren Sie auf Ihrem Weg zu einem erfüllten Dasein. Das Leben will Sie beschenken – beschenken auch Sie sich: mit diesem einmaligen Lebensfreudebuch!

Sanftmut

Ein effektiver Weg, Egoismus abzubauen

Ingrid Antons

Paperback, 224 Seiten, ISBN 978-3-86616-360-7

Wenn in unseren Herzen Transformation stattfindet und wenn Qualitäten wie Empathie, Empfindsamkeit, Geduld und Wertschätzung in unser aller Leben mehr Raum bekommen, dann wird sich diese Welt verwandeln, so das Credo dieses Buches. Die Autorin stellt dar, wie Sanftmut als gestaltende Kraft und wahrhaftige Stärke mit Zukunft krankhaften Egoismus überwinden und zu einem neuen Umgang mit sich selbst und im Miteinander führen kann. Das Buch macht deutlich, wie wertvoll Sanftmut für viele Menschen heute schon ist, und zeigt, wie man sich als Sanftmütiger in dieser Welt behaupten kann, ohne seine innere Haltung aufgeben zu müssen. Es enthält alltagstaugliche Tipps, die helfen, egoistische Verhaltensweisen zu überwinden, sanftmütiger zu werden und neue Werte in die Welt zu bringen.

Erfahre dein wahres Selbst

Eine Reise in die Weite des Seins

Matthias Dhammavaro Jordan

Paperback, 224 Seiten, ISBN 978-3-86616-361-4
E-Book: ISBN 978-3-86616-411-6

„Wer bin ich eigentlich wirklich - hinter all den Gefühlen, Gedanken, Persönlichkeitsanteilen, Masken und inneren Stimmen?" Haben Sie sich diese Frage auch schon mal gestellt? Dann haben Sie mit diesem Buch nun die gute Chance, darauf wirklich eine Antwort zu finden. Denn dem ehemaligen buddhistischen Mönch gelingt es hier, tiefe spirituelle Weisheit und zeitlose Wahrheiten in großer Leichtigkeit und Lebendigkeit für jeden unmittelbar verständlich und erfahrbar darzustellen. Anhand praktischer Anleitungen, anregender Inspirationen, alltäglicher Geschichten und wirkungsvoller Übungen werden wir geleitet und motiviert, uns selbst zu erforschen und unser wahres Selbst zu finden. Und da wartet eine ganz neue Freiheit, Stille, Kraft, Klarheit, Freude und der weite Raum. Willkommen zuhause!

Aufstand für das Leben

Vision für eine lebenswerte Erde

Claus Eurich

Hardcover, 120 Seiten, ISBN 978-3-86616-378-2

Keine Frage: Wir leben in einer sehr besonderen Epoche der Menschheitsgeschichte und vielleicht entscheidet sich jetzt gerade die Zukunft unserer Spezies. Sich ungeschönt all die negativen Entwicklungen zu vergegenwärtigen und zugleich Mut und Hoffnung zu bewahren, scheint kein leichtes Unterfangen. Dass dies möglich und nötig ist - und zwar in tiefgründigster Weise - ‚zeigt dieses Buch mit Bravour. Anspruchsvoll reflektiert, nuanciert betrachtet und profund in historische und gegenwärtige Zusammenhänge gestellt, begegnen wir hier der unveränderlichen Kraft des Visionären. Diese Erkundungen am Rande des Möglichen und Machbaren sind ein überzeugend kraftvolles Plädoyer für das lichtvolle „Sichausrichten" in Gegenwart und Zukunft. Ein einzigartiger philosophisch - spiritueller Lesegenuss!

Endlich leben – statt gelebt zu werden

Chuck Spezzano

Klappenbroschur, 224 Seiten, ISBN 978-3-86616-469-7

Dieses Buch ist deshalb so außergewöhnlich, weil es aus moderner spiritueller Sicht systematisch die wahren Ursachen ergründet für das, was wir Menschen als unser größtes Unglück erfahren. Doch damit nicht genug. Es zeigt auch für jeden nachvollziehbar auf, dass es nur an uns liegt, in unserem Leben wahrhaftiges Glück zu erlangen. Was für eine Botschaft! Lernen Sie zu erkennen, dass alles, wonach Sie sich sehnen, in Ihrem Leben schon vorhanden ist und dass Sie durch vollkommene Selbstverantwortung und Neuausrichtung Ihrer Wahrnehmung tiefste Heilung und wahre Freiheit erreichen können. Dies ist eine absolut empfehlenswerte Lektüre für jeden wirklich Suchenden - die essenziellen Erkenntnisse aus 45 Jahren Praxis, Lehrtätigkeit und Lebenserfahrung des weltbekannten Weisheitslehrers und Bestsellerautoren Chuck Spezzano.